শান্তিরামের চা

শান্তিরামের চা

বিতান চক্রবর্তী

SHAMBHABI
The Third Eye Imprint

Santiram-er Cha
A collection of short stories in Bengali
by Bitan Chakraborty
January 2016

180.00 (INR)
200.00 (Bangladesh)
7.50 (U.S. Dollars)

1st Print : 200 copies

প্রচ্ছদ : তমোজিৎ ভট্টাচার্য

গ্রন্থস্বত্ব : লেখক ২০১৬

প্রকাশক : শান্তুবী-র পক্ষে ভাস্বতী সেনগুপ্ত,
এ ১০/১ অমরাবতী, সোদপুর, কলকাতা-৭০০১১০

প্রথম সংস্করণ : জানুয়ারি ২০১৬

অক্ষরবিন্যাস : উজ্জ্বল পাল
১৮৫, কালী টেম্পল রোড, নিমতা, কলকাতা-৭০০ ০৪৯

মুদ্রণ ও বাঁধাই : সাইবার গ্রাফিক্স
৩২/১ নৈনান পাড়া লেন, কলকাতা- ৭০০ ০৩৬

বিনিময় :   ₹ ১৮০
           ৳ ২০০
           $ ৭.৫০

ISBN : 978-93-85783-56-2 (Indian Edition, Hard Bound)
ISBN : 978-93-85783-57-9 (U.S.A. Edition, Paperback)

যে রত্নগুলো জীবনটা সাজালো

কৃতজ্ঞতা স্বীকার

সুদেষ্ণা মজুমদার, ঢাকা রিভিউ, ফেরারি পত্রিকা,
আবেশ কুমার দাস, প্লাবন দাশ, দীপব্রত বন্দ্যোপাধ্যায়,
কিশোর ঘোষ, অরণ্য বন্দ্যোপাধ্যায়, দেবাশিস বিশ্বাস,
শৌভনিক দে ব্যানার্জী এবং প্রবীর রায়।

বইটির নামে চোখ পড়তেই মনে হল লেখক অন্য ধরনের কিছু গল্প শোনাতে বসেছেন। ‘শান্তিরামের চা’— নামকরণে নতুনত্ব আছে অবশ্যই! সোজাসুজি ওই গল্পটায় না গিয়ে পড়তে শুরু করলাম। মধ্যবিত্ত, নিম্ন-মধ্যবিত্ত সংসারের সুখ-দুঃখ, চাওয়া-না-পাওয়ার গল্পে লেখকের সুচ-সুতো ছোট ছোট বুটিদার নকশা বুনে গেছে। উঠে এসেছে শহর, আধা-শহর, আর মফস্সলের জীবনযাত্রা। আর তারই ভেতর, পরতে পরতে সাজানো রয়েছে প্রেম। মানুষের প্রতি প্রেম গিয়ে মিশেছে জীবনের প্রতি প্রেমে। তারুণ্যের সাহস, ভীতি, কল্পনার সঙ্গে মিশে গেছে জীবনযুদ্ধে জয়ী হওয়ার ইচ্ছে! আরো একটা বিষয় নজর কেড়েছে, তা হল লেখকের রসবোধ— যার প্রশংসা করতেই হয়। গল্পগুলো পড়তে পড়তে ‘হতাশা’ কাটিয়ে উঠে নতুন কোনো ভাবনায় ডুবে যেতে ইচ্ছে করছে। বলতে ইচ্ছে করে, বাংলা সাহিত্যে একজন সম্ভাবনাময় লেখকের উপস্থিতি ঘটল।

সুদেষ্ণা মজুমদার
২৫ ডিসেম্বর, ২০১৫
কলকাতা

সূচি

বোগেনভিলিয়া

সিগারেটে দ্বিতীয়বার টান দিতেই গা-টা গুলিয়ে ওঠে সঞ্জীবের। ক'দিন থেকেই কেন যে এমন হচ্ছে বুঝতে পারে না ও। সকাল থেকে ক'টা খেলো এ নিয়ে? এক প্যাকেট! হবে হয়তো। সিগারেটটা নিয়ে এখন কী করবে বুঝতে পারে না সঞ্জীব। ফেলে দেবে? দুর! হোক, বমি হলে হোক। শরীরের সমস্ত কোষ, উদ্দীপক-স্নায়ু সব বমি হয়ে যাক! কয়েক দিন থেকেই সঞ্জীব বুঝতে পারে ওর শরীর কেবল ভারী হয়ে যাচ্ছে। কেন তা স্পষ্ট বুঝতে পারে না। কিন্তু হয়ে চলে। আবার মাঝে মাঝে বুঝতেও পারে। আবছা-অস্পষ্ট মৃত্যুর মতন! যদিও সঞ্জীব জানে শেষ পর্যন্ত ওটাই স্পষ্ট। আর এর মাঝের ধোঁয়াশাটুকুই কেবল ভয়। ভয়, বেঁচে থাকার আর না-থাকার মধ্যে লাভ-ক্ষতির। চাওয়া-না-পাওয়ার ফাঁক বড়ো, আরো বড়ো হওয়ার ভয়।

মোবাইলটা পুরোনো পলিফোনিক টোনে বেজে চলেছে। ওফ, অসহ্য। রাস্তায় এই আদিম যুগের ফোন বের করতে লজ্জা করে সঞ্জীবের। যখন মোবাইল যন্ত্রটাই একটা চলতি ফিরতি মিউজিক সিস্টেম, তখন এই প্রাগ্ঐতিহাসিক যন্ত্রটা— বড়ো বেমানান মনে হয় সঞ্জীবের। অমলেন্দু কাল একটা সেট দেখিয়েছে। পুরো চার হাজার দাম। ওকে ইনস্টলমেন্টে দেবে বলেছিল। সঞ্জীবের হিসেব মতো তা পাঁচশো। আট মাসেই শোধ হয়ে যাবে। শ্যামাপুকুরের টিউশনটা দিলেই হবে। আজ ওখানেই পড়ানো ছিল। কাকিমা আসার সময় টিউশন ফি-টা গুঁজে দিয়ে বলল—'আর আসতে হবে না। তোমার পড়া বুঝতে পারছে না। ওর কিচ্ছু পড়া হচ্ছে না।' এ মাসে ছ-টা কামাই ছিল। আজই ভাবছিল সামনের মাসে কভার করে দেবে। যাক গে! মোবাইলটা আর হল না। বাকি টিউশনগুলো থেকে বাড়িতে দিয়ে যা হাতে থাকে, অমলেন্দু তাতে রাজি হবে না। ওরও তো ব্যবসা দেখতে হয়! ফলে সেই আঠেরোশো শতকের মোবাইলটাই বের করে সঞ্জীব। সাদা-কালো স্ক্রিনের ওপারে ক্লান্ত প্রেম উত্তরের অপেক্ষায়।

—পড়ানো শেষ হল?

—হ্যাঁ।

—সেই কখন থেকে ফোন করছি। তুলছিলে না কেন?

—পড়ানোর পর কাকিমার সাথে কথা বলছিলাম।

—মাইনে দিলো?

—হ্যাঁ।

—যাক ভালো খবর।

—হুম!

—কী হল? তোমার কি শরীর খারাপ? কথা বলছ না যে?

—না। এমনি।

—কী হয়েছে? বল না।

—কাল তো দেখাই হবে। এখন ফোন করে টাকা নষ্ট করবার কী দরকার।

—টাকাটা তোমার যাচ্ছে না সঞ্জীব।

—আমার কথা বলতে ভালো লাগছে না।

—ও। ঠিক আছে।

সঞ্জীব আর অপেক্ষা করে না ওপারের শেষ উষ্মার। ফোনটা পকেটে চালান করে সঞ্জীব। সিগারেটটা কখন ফেলে দিয়েছে মনে করতে পারে না সঞ্জীব। শুধু অনুভব করে মাথাটা আরো ভার হয়ে যাচ্ছে।

২

'উফ্'। সঞ্জীবের বাঁ হাতের চামড়া জ্বালা করে উঠল। বাইরের হালকা বাদামি আলোয় হাতখানা তুলে দেখে লোমকূপের নিচে কালচে লাল সূক্ষ্ম সূক্ষ্ম রক্ত জমে আছে। ঢোকার মুখে এমন কাঁটাওয়ালা গাছ কেউ লাগায়! পাগল সব! কতবার বলেছে গাছটা কেটে দিতে। না! বাবা, শিয়ালদা থেকে বারো টাকায় কিনে এনেছিল, 'লাল বোগেনভিলিয়া'। 'শালা বোগেনভিলিয়া, ফুল দেবে!!! আর কদিন পর খুন করবে!'

বাড়ি ঢোকার সময় সঞ্জীব সাধারণত খুব সন্তর্পণে ঢোকে। ভিতরের পরিবেশের উত্তাপ মেপে নিতে চায়। নিত্য দিনই এ সময়টা বাবা-মায়ের মধ্যে এক উত্তাল হিসেব-নিকেশ চলে। কখনও কখনও নিজেদের ভদ্রতার সীমার মধ্যে তা স্থগিত হয় মাঝরাতে, কখনও বা সে সীমান্তও বেআইনি ভাবে পার হয়ে যান তাঁরা।

— ...এরকমভাবে আমার পক্ষে সংসার চালানো সম্ভব নয়। ...খরচ হলে তুমি বলো এত টাকা গেল কোথায়, ছেলে ভালো খাবার না পেলেই আমার উপর চোটপাট দেখায়... আমি তো বলেছি তোমায়, একদিন বাজারে গিয়ে দেখো না, বাজারের কী হাল! তা তো করবে না। সকাল থেকেই মুখে পেপার গুঁজে বসে থাকো! অফিসের টাইমে স্নান-খাওয়া করে...

মা'র এটা একটা সহজ হিসেব। ব্যালান্স শিটে সঞ্জীবকে টেনে এনে মোটামুটি একটা সাসপেন্স অ্যাকাউন্ট দেখিয়ে দেওয়া। বেশ বিরক্ত হয়েই দরজায় টোকা মারে সঞ্জীব।

—খুলছি।

বেশ গম্ভীরভাবে জুতো ছাড়ে ও। মোবাইল, চশমা আর পাঁচশো টাকার নোটটা টেবিলে ছড়িয়ে রেখে, হুকুম করে মাকে—

—জল দাও তো মা। ডেটল আছে নাকি?

জলের গ্লাসটা হাতে ধরিয়ে দিয়ে, প্রশ্ন করে মা।

—টাকাটা কীসের রে অপু?

—শ্যামাপুকুরের টিউশানটার।

—এত তাড়াতাড়ি। ওদের তো এখনও মাস হয়নি!

—আর পড়বে না।

—এটাও গেল? এবার সামনের মাস থেকে কীভাবে সংসার চলবে! তোমরা তো... ও যা আনে ওর নিজের পিছনেই তার অর্ধেক খরচ করে।

—খরচ করে মানে? বাসের মালিকগুলো কি আমার শ্বশুর, যে বিনে পয়সায় ইন্টারভিউ দিতে নিয়ে যাবে!

সঞ্জীবের উগ্র কথাটার কোনো উত্তর না দিয়ে অন্য ঘরে চলে যায় মা।

—কী হয়েছিল?

সঞ্জীব জানত এবার বাবার আসরে নামার পালা। তবু শান্তভাবে উত্তর দেয়।

—পড়া বুঝতে পারছিল না নাকি!

—পড়াতে যাবার আগে নিজে স্টাডি করে যাবে না!

—দেখো, ক্লাস এইটে পড়াবার জন্য স্টাডির প্রয়োজন হয় না।

—নোট লেখাবার জন্য বাইরের পয়েন্টের প্রয়োজন হয়। স্টুডেন্টের ইমপ্রভমেন্ট হয়, নাম্বার...

—যা লেখাই যথেষ্ট। তুমি কি তোমার অফিসের হিসেব করবার জন্য রোজ সকালে অ্যাকাউন্টেন্সি প্র্যাক্টিস করে যাও! মা ডেটল চাইলাম যে! নেই?

জামা প্যান্ট ছেড়ে একটা ছোটো মগে খানিক জল নিয়ে এসে নিজের ক্ষত জায়গাটা দেখে সঞ্জীব। মা একটা ধুলোমাখা শিশি টেবিলে নামিয়ে রেখে প্রশ্ন করে—

—কী হল হাতে?

—কী আবার হবে, ঢোকার মুখে ওমন কাঁটা-ঝোপ পুঁতে রেখে দিয়েছে। রোজ রোজ এক কাণ্ড। ফুল হবে! নকুলদা কাল জঙ্গল পরিষ্কার করতে আসবে না! দ্যাখো যদি না কাটিয়েছি ওটা!

—হাওড়া স্টেশন কে নামবেন? হাওড়া স্টেশন।

সঞ্জীব যতবার এ শহরটাকে দেখে অবাক হয়ে যায়। পৃথিবীর সবচেয়ে ক্লান্তিময় শহর। সকাল থেকে রাত ক্লান্তিকরভাবে এরা সময়কে বয়ে নিয়ে যায়, ব্যস্ত থাকে। ক্লান্ত বাসগুলোতে ক্লান্ত অফিস যাত্রীরা ঝুলে থাকে; ঝগড়া করে, রেশারেশি করে। সঞ্জীবের শরীর থেকে ক্লান্তি ঝরে পরে রুমালে। পনেরো মিনিট ধরে হাওড়া ব্রিজে ওঠার আগে বাসটা দাঁড়িয়ে। কনডাকটার চিৎকার করে যাত্রী তুলছে তো তুলছেই। এখানে দাঁড়ালেই একটা পুরোনো গির্জা দেখা যায়। গির্জার মাথায় সাদা পোশাকে যিশু তাঁর দু'হাত তুলে শান্তির ঝড় তুলে দিতে চাইছেন। হাওয়ায় তাঁর পোশাক উড়ছে। ক্লান্ত যাত্রীরা এ-দৃশ্য দেখে কি? শান্ত হয়? সঞ্জীবের হাসি পায়। যে এই মূর্তিখানা বসিয়েছে, সে বেশ একটা রসিকতা করেছে। শান্তি!!

সঞ্জীব একবার হাত বুলিয়ে দেখে নেয় পকেটে মোবাইলটা আছে কিনা। ইন্টারভিউ বোর্ডে ঢোকবার আগেই মোবাইলের সুইচ অফ রেখেছিল সঞ্জীব, আর খোলেনি। মৌ—এদিনগুলোতে মহা উৎসাহে অপেক্ষা করে থাকে। হয়তো নতুন জীবনের মোড় এসে গেছে বলে ভাবে। এই ভাবনাগুলোর ভার বয়ে বেড়ানো কী দুঃসহ, সঞ্জীব তা জানে। মায়া হয় নিজের উপরই। মোবাইলটা খুলে দেবে? ওপাশের ভাবনার উপর একটা কড়া যতি চিহ্ন লাগিয়ে দেবে?

জানলা দিয়ে চোখ বাড়িয়ে আবার একবার ওই যিশু মূর্তিটাকে দেখে সঞ্জীব। মূর্তির চোখটা কলকাতার দিকে। সূর্যের একটা তপ্ত রশ্মি ওঁর আলতো হাসিটা খানিক পরিষ্কার করেছে। ক্লান্তির এই যাতায়াতের পথে এ হাসি বড়ো বেমানান।

মোবাইলটা অন্ করতেই প্রথম কলার মৌ। কয়েক সেকেন্ড অপেক্ষা করে সঞ্জীব। ওপারের অপেক্ষারত প্রশ্নের উত্তরগুলো প্রস্তুত করে নেয়।

—সঞ্জীব! কী হল?

—পরে জানাবে।

—ও! তুমি কোথায়?

—হাওড়া স্টেশন।

—আমি শিয়ালদা ঢুকছি। তুমি আসবে?

—শিয়ালদার কোথায়?

—উপরের কফি শপ-এ!

মৌ কি হিসেবটা কষেই বেরিয়েছিলো? সঞ্জীব একটু ধন্দে পরে।

এই কফি শপটা মৌ-এর আবিষ্কার। শিয়ালদা স্টেশনের উপর এমন একটা রেস্তরাঁ আছে সঞ্জীব জানতই না। খুব না হলেও সব সময়

কিছু দূরপাল্লার যাত্রির ভিড় লেগেই থাকে। ঢোকার মুখেই দ্যাখে মৌ একটা চায়ের কাপ হাতে বসে আছে। সঞ্জীবকে দেখেই টোস্ট আর চায়ের অর্ডার দেয়। সত্যি সঞ্জীবের খাবারটা খুব দরকার ছিল! সকালের ভাত দশটা বাইশের ব্যারাকপুরেই হজম হয়ে গেছে। মৌ ঘড়ি দেখে বলে—

—টিউশন নেই?

—হ্যাঁ। ছটায়। কটা বাজে?

—চারটে বত্রিশ। কী হল আজ?

—ফোনে তো বললাম।

—খবর দেবে মানে?

—মানেটা সহজ মৌ, নেবে না, মানে চাকরিটা হয়নি।

—কী সমস্যা ছিল?

সঞ্জীব শান্ত গলায় টোস্ট দিতে আসা ভদ্রলোকটিকে এক গ্লাস জল দিতে বলে। মৌ এক দৃষ্টে চেয়ে আছে সঞ্জীবের দিকে। সঞ্জীব অন্যদিকে মুখ ঘুরিয়ে উত্তর দেয়—

—ওই, কমিউনিকেশন প্রবলেম!

—ওফ, তোমাকে কতবার বলেছি স্পোকেনে ভর্তি হও!

—দ্যাখো মৌ, গ্র্যাজুয়েশনটা এমনি এমনি পাশ করিনি আমি! হ্যাঁ আমেরিকান প্রোনাউনসিয়েশন হয়তো আমার কাঁচা, কিন্তু বাকি যা আছে ওতে সারা কলকাতায় কাজ চলে যায়।

—এখন যে চলছে না তা বুঝতে পারছ? সঞ্জীব, সময় থেমে থাকছে না। কলেজ ছেড়েছি, বছর ঘুরতে চলেছে। এম.এ টাতে-ও চান্স পেলাম না। বাবা কিন্তু বসে নেই, সঞ্জীব।

—আচ্ছা মৌ চাকরির একটা চেষ্টা তো তুমিও করতে পারো। কেন এমন ভাবো যে ছেলেরা সাবলম্বী হলেই তোমাদের বিয়ের যোগ্য হয়!

—তুমি কখনো ইনফিরিওরিটি কমপ্লেক্সে ভুগবে না তো সঞ্জীব, যে তোমার বৌ তোমাকে রোজগার করে খাওয়ায়?

—না, ভুগব না।

—তোমার সমস্যা না হলেও আমার হবে। আমি আমার সোসাইটিতে বলতে পারব না যে আমার বর বেকার!

সঞ্জীব হঠাৎ হো হো করে হেসে ওঠে।

—বেকার? মাসে বাইশশো টাকা রোজগার করি!

—হেসো না, সঞ্জীব, লাইফ মানে একটা স্টেবল কন্ডিশন।

—মৌ এটা একমাত্র খাতায় কলমেই সম্ভব। সমস্ত পদার্থই তা চায়। কিন্তু বাস্তবে তা সম্ভব নয়। অন্তত আমার মতো অপদার্থের পক্ষে তা একেবারেই নয়।

—যাক অন্তত এতদিনে বুঝেছ যে তুমি একটা অপদার্থ!

—হুঁ। তাই আমার মনে হয় তোমার মতো সুপদার্থের আর আমার মতো অপদার্থের অপেক্ষায় না থাকাই ভালো। তোমার বাবাকে ঝটপট্ কাজে নামিয়ে দাও!

—আমার বাবাকে কী করতে হবে সেটা তোমার না বলে দিলেও চলবে। তুমি কী চাও পরিষ্কার করে বলে দাও।

মৌ সোজা সঞ্জীবের দিকে চেয়ে থাকে, হিসেব চায়। সঞ্জীবের বেশ অস্বস্তি হয়। মুখটা চিবুকের নিচে নামিয়ে এনে উত্তর দেয়—

—আমি পরিষ্কার করেই বলেছি মৌ, আমাদের সম্পর্কটাও জংলা গাছের মতন কাঁটায় ভরে গেছে। আমার মনে হয়, আমাদের এখানেই বোধহয় থামা উচিত।

মৌ কথাগুলো মন দিয়ে শোনে। তারপর দ্রুত ব্যাগ গুছিয়ে সোজা কাউন্টারে বিল মিটিয়ে বেরিয়ে যায়। সঞ্জীব বসে থাকে। কাপের চা-টুকু এখনও শেষ হয়নি।

৪

জানালার নিচে সপাং সপাং করে নকুলদার কাস্তে চালানোর শব্দে ঘুম ভেঙে যায় সঞ্জীবের। আজ সকালে পড়ানো ছিল না, তাই একটু বেলা করে উঠতে চেয়েছে। নকুলদার কাল আসবার কথা ছিল, আসতে পারেনি। মশারির একটা কোনা খুলে উঠে পড়ে সঞ্জীব। নকুলদা সাধারণত কথার খেলাপ করে না। ভোরের প্রথম ট্রেন ধরেই চলে আসে। দুপুর গড়ালেই বাড়ি ফেরে। মাসে একবার আসে। মা কিছু দরকারি কাজ করিয়ে নেয়, কখনও কখনও রাজ মিস্তিরির কাজও।

—ওখানে একটা কালমেঘ গাছ আছে দেখো। তুলে ফেলো না যেন।

বাবা দরজার মুখটাতে পেপারখানা হাতে নিয়ে দাঁড়িয়ে তার প্রিয় কালমেঘ গাছের তদারকি করছে। তা না হলে বাবার এসব ব্যাপারে কোনো উৎসাহই নেই। এমনকী এ বাড়িটা তৈরি করার সময়ও সঞ্জীবের সাথে শুধু মাত্র সামান্য কিছু হিসেব গরমিলের হিসেব নেওয়া ছাড়া তেমন কোনো উৎসাহই দেখায়নি। বাবাকে ডিঙিয়ে সঞ্জীব নিচের সিঁড়িতে নেমে দাঁড়ায়।

—নকুলদা, এদিকে আগে এসো তো!

—জয় নিতাই। আসি। কেমন আছ গো?

—ভালো। এ গাছখানা কাটো তো!

—কোনখানা গো? আরে ভলিয়া বিবিরে কাটতে যাবে কেন? কেমন সুন্দর ফুল দেবে!

—ফুলের দরকার নেই, প্রতিদিন কাঁটা খেতে খেতে কোনদিন

মরেই যাব।

—না না, ও গাছ কাটবে না নকুল।

বাবা কড়া হুকুম লাগায়।

—আরে গেটের মুখে অমন জংলি গাছ কেউ লাগায়?

—কিচ্ছু হবে না, একটু ছেঁটে দিলেই হবে।

ফরমান জারি করে বাবা। পেপার হাতে নিয়ে আবার নিজের বিছানায় গিয়ে ঘাঁটি গাড়ে।

—ছেঁটে দিলেই হবে! না না, নকুলদা ও গাছ তুমি কাটবেই।

—বাবু তো ঠিক কথাই বলছে, কাঁটা লাগে তো একটু ছেঁটেই দিই। এ গাছ বড়ো হলে কী সুন্দর ফুল দেবে জানো!

—দয়া করো নকুলদা, রোজ রোজ এ জ্বালা সহ্য হয় না।

—ও কেন তোমারে কাঁটা দেয় জানো?

—জানবার দরকার নেই! মা চা পাওয়া যাবে?

—ও তোমারে কেবল বলে, আমার যত্ন নাও, আমি বড়ো হলে ছায়া দেবো, শোভা দেবো, আমারে যত্ন নাও গো দাদাবাবু!

সঞ্জীব বিরক্তি প্রকাশ করে।

—থামো তো! সকাল সকাল মাথা খেও না। ওই গাছ তুমি এক্ষুনি কাটো।

নকুলও ছাড়বার পাত্র নয়।

—শুধু কাঁটা দেয় বলে ওটা কেটে দেবে দাদাবাবু! দ্যাখো, জীবনে তো অনেক কিছুই কাঁটা দেয়, সবাইকে কি আমরা কেটে ফেলে দিই?

৫

মৌকে এভাবে বহুদিন দেখেনি সঞ্জীব। যে গানটা ও এখন গাইছে, বহুদিন এমন গান মৌ গায়নি। গানটা খুব চেনা চেনা লাগছে, খুব চেনা। কিন্তু মনে পড়ে না, গানটা কী? মৌ আনন্দে খুব নাচছে। আজ বোধ হয় হোলি। মৌ খুব করে রং মাখছে। একবার মৌ সঞ্জীবকে হোলিতে বেশ করে রং মাখিয়ে ভূত বানিয়েছিল। আজো খুব করে রং মেখেছে মৌ। রংগুলো ঠিক বুঝতে পারে না সঞ্জীব! রংগুলো সব সাদা-কালো। একবার মৌকে ছুঁতে ইচ্ছে করে সঞ্জীবের। কিন্তু ও মৌ-এর থেকে কতটা দূরে আছে বুঝতে পারে না। অনেকটা কি? কিন্তু কেন, কেন এতটা দূরে! মৌ ক্রমশ ভিড়ে মিশে যাচ্ছে। ওর চারপাশে ক্রমশ কিছু গাছ বেড়ে উঠছে... ওকে ওদের ভিড়ে মিশিয়ে নিচ্ছে। গাছগুলো দ্রুত বেড়ে চলে, সঞ্জীব তারচেয়েও দ্রুত মৌ-এর কাছে পৌঁছুতে চায়! গাছগুলো কাঁটা জাতীয়, জংলি। সাদা-কালোয় বুঝতে পারে না এরা কি বোগেনভিলিয়া! কিন্তু

এদের তো ফুল হয়নি? কেবল কাঁটা। যত দ্রুত সঞ্জীব এগোয়, কাঁটা তত ক্ষত-বিক্ষত করে চলে ওর শরীর। প্রচণ্ড জ্বালা করে। চামড়ার উপর কালচে রক্ত জমে, ক্রমশ ভিজে যেতে থাকে সমস্ত শরীর, ...গোটা বালিশ, বিছানার চাদরও ভিজে গেছে ঘামে।

আজ যা গরম মশারির ভিতর সিলিং ফ্যানের হাওয়া ঢুকছেই না। অন্ধকারের মধ্যেই টেবিল ফ্যানটাকে সেট করে মাথার কাছে চালিয়ে নেয় সঞ্জীব। বাইরে অন্ধকারে ঘোলাটে স্ট্রিট লাইটগুলো জ্বলে আছে। গলিটা পুরো ফাঁকা। তবু বারবার মনে হচ্ছে এখুনি কেউ চলে যাবে, এখুনি! প্রচুর রং মেখে!

৬

—কেমন আছ সঞ্জীব?

অনেকদিন পরে আকাশে বেশ মেঘ জমেছে। বিকেল থেকেই ঠান্ডা হাওয়া দিচ্ছে। বোধহয় বৃষ্টি হবে, বা অন্য কোথাও হয়েছে!

—তুমি কেমন আছ?

—হঠাৎ আমায় ফোন করলে?

—এমনি। তুমি আজ বেরোবে মৌ? শিয়ালদার ওই কফি শপটায়!

—কেন?

—তোমায় দেখতে ইচ্ছে করছিল?

ও প্রান্ত চুপ। সঞ্জীব বলে যায়

—আমি স্পোকেনে ভর্তি হয়েছি মৌ...

—আজ নয় সঞ্জীব অন্য কোনোদিন। বাইরে বৃষ্টি আসছে, বাড়িতে যাও।

ঠান্ডা হাওয়াটার বেগ ক্রমশ বাড়ছে, এরপরেই এটা ঝড় হয়ে যাবে। বাড়ির গলির মুখে ঢুকতে ঢুকতেই বৃষ্টি নেমে যায়। দ্রুত, দ্রুত ফিরতে হবে বাড়িতে। এ বৃষ্টিতে সঞ্জীবের চামড়ায় জ্বালা ধরায়। যে পাড় থেকে ওরা উঠে এসে বৃষ্টি নামায় ওখানে রং খেলা বন্ধ হয়ে গেছে। সমস্ত বোগেনভিলিয়া ওখানে ফুলের আশায় জেগে থাকে। ওখানেই সেই বিষাদ লুকিয়ে থাকে যারা বৃষ্টিতে মিশে যায়।

বৃষ্টিতে জামাটা প্রায় ভিজে গেছে সঞ্জীবের। গেট ঠেলে দ্রুত দরজায় পৌঁছুতে চায় সঞ্জীব। বোগেনভিলিয়ার কাঁটায় আটকে যায় জামাটা। প্রায় নতুন পাঞ্জাবি, কিছুতেই ছাড়াতে পারে না ও। বৃষ্টি শরীরের সমগ্র ক্ষতে জ্বালা ধরায়। অসহ্য জ্বালা! তবে কি অভিমান জ্বালা ধরায়? মৌ-এর অভিমান, বোগেনভিলিয়ার অভিমান!!

হ্যাচকা এক টানে পাঞ্জাবিটা ছাড়িয়ে নিতে যায় সঞ্জীব, পকেটের কাছটা খানিক ছিঁড়ে যায় টানাটানিতে, তবু কাঁটাটাকে ছাড়াতে পারে না।

ওদিকে বৃষ্টি দুরন্ত হয়ে উঠেছে। হঠাৎ সঞ্জীবের বৃষ্টিতে দাঁড়িয়ে থাকতে ভালো লাগে। কতদিন এভাবে দাঁড়িয়ে বৃষ্টি ভেজেনি সঞ্জীব! কতদিন যেন মৌ তাকে কাঁটার মতো জামার খুট ধরে বলেনি—

—প্লিজ আর একটু দাঁড়াও!

কতদিন এভাবে বিষাদ ধুয়ে যায়নি চোখের জলে...

মিথ্যে ঘটনা অবলম্বনে

'আষাঢ়-শ্রাবণ মানে না তো মন,
ঝরো, ঝরো, ঝরো, ঝরো ঝরেছে—
তোমাকে আমার মনে পড়েছে।'

লাইন তিনটে আরো একবার গেয়ে সামনের সিটগুলোর দিকে এগোলো কাঞ্চনা। ট্রেন নৈহাটি ক্রস করে যাওয়ায় কামরার ভিড় খানিক কম। অগোছালো ভাবে দাঁড়ানো দু-একজনকে টপকে, পাশ কাটিয়ে সহজেই এগোনো যাচ্ছে সামনের দিকে। টুয়া দু-সিটের মাঝখান দিয়ে গলে গিয়ে হাত বাড়াচ্ছে পর পর। আটটা লোকের মধ্যে একজন কি দুজন পয়সা দেয়, বাকিরা কপালে আঙুল ঠেকায়। টুয়ার ছোট্ট চেটোতে কিছু পয়সা জমলেই মাকে দিয়ে দেয়। কাঞ্চনা মুঠো করে ঢুকিয়ে রাখে, বাঁ কাধের কাপড়ের ঝোলাতে।

আজকাল কাঞ্চনা কাজের সময় কোনো দিকে তাকায় না। চোখ স্থির করে দেয় কামরার শেষ দেওয়ালে। প্রথম প্রথম অস্বস্তি হত। চোখ চলে যেত এদিক ওদিক। তাদের দিকে তাক করা ড্যাবা ড্যাবা চোখগুলোর সামনে নিজেকে বেসামাল লাগত। গলা কেঁপে কেঁপে যেত। টুয়াও মায়ের আঁচল ছেড়ে নড়তে চাইত না। কাঞ্চনাই তাকে ঠেলে দিত। গুটিশুটিভাবে সে এগিয়ে দিত তার হাত। দ্বিধা, লজ্জায় টুয়ার কানের লতি লাল হয়ে যেত। এখন সেও অভ্যস্থ হয়ে পড়েছে। সকালে স্টেশনে এসেই প্ল্যাটফর্ম থেকে দু-হাতে খানিক ধুলো তুলে নিয়ে গালে মেখে নেয়। প্রথমদিকে তার ফর্সা গাল দু-একজন টিপে দিয়ে হাতে এক টাকার কয়েন গুঁজে দিত। কেউ কেউ একটু জোরেই টিপে দিত। মনে মনে চিৎকার করলেও সবার সামনে মাথাটা নামিয়ে নিত কোলের কাছে। একদিন রাতে টিটাগড় স্টেশনে মা-র পাশে বসে মৃদুভাবে এই অভিযোগটাই সে করছিল। কথাটা শুনে পাশে বসা এক অন্ধ মাসি একটু হেসে বলে, 'শোন ছ্যামরি, কাল থেকে দুগালে পেলাটফর্মের ধুলো লাগায়ে উঠবি। আর কেউ তোর গালে হাত দিবে না।'

ট্রেন হালিশহর ঢুকছে। এখান থেকেই ফেরা ভালো। আর এগোনো ঠিক হবে না। কাঞ্চনা চোখের ইশারায় টুয়াকে দরজার সামনে আসতে বলে। টুয়া হাতে জমা খুচরোগুলো নিজেই মায়ের ব্যাগে ঢুকিয়ে দেয়। নেমে ডাউনের দিকে গিয়ে কাঞ্চনা প্ল্যাটফর্মের কোনায় একটু বসল। টুয়া স্টেশনটা কয়েক পা এগিয়ে ঘুরে এসে মায়ের কাছে হাঁটু গেড়ে বসে আবদার করে, 'একটা কেক কিনে দেবে মা?' কাঞ্চনা আনমনে মাথা নাড়ে, অর্থ টুয়ার আজও আবদার মিটবে না।

'দাদা ক'টা বাজে?' কাঞ্চনা জিজ্ঞেস করল। একজন বয়স্ক লোক ঠোঁট থেকে বিড়িটা নামিয়ে বলল, 'দেড়টা হবে!' ডাউন আসতে হিসেব মতো আরও কুড়ি মিনিট, হিসেব ফেল করলে ঘণ্টাখানেকও হতে পারে। টুয়া আবার উঠে গিয়ে প্ল্যাটফর্মে ঘুরছে। 'এই টুয়া। এদিকে আয়।' কাঞ্চনা টুয়াকে ডাক দেয়। টুয়া মায়ের ডাক অগ্রাহ্য করতে পারে না। কাছে আসতেই মেয়ের মাথার চুল ধরে টেনে নিজের পাশে বসিয়ে নেয়। 'ঘুর ঘুর না করলে পেটের ভাত হজম হয় না, না! এক্ষুনি ট্রেন চলে আসলে থাকতি এখানে একা পড়ে।' আসলে কথাটা যে তা নয় সেটা নিজের ছ'বছরের মেয়েকে বলতে পারে না। গত একবছর আগেও তাদের ঠিকানা ছিল এখান থেকে ট্রেনে আর মিনিট চল্লিশ দূরে রানাঘাটে। প্রথমদিন থেকেই প্রশান্ত ওকে এই লাইনে আসতে বারবার না করে দিয়েছে। তবু মাঝে মাঝেই সে এসে পড়ে। কারণ, এই লাইন তার যতটা পরিচিত অন্যগুলো এখনও সেরকম হয়ে ওঠেনি। গেল সপ্তাহেই ভুল করে ডানকুনি থেকে এমন এক ট্রেনে উঠে পড়েছিল যা সন্ধ্যাবেলায় গিয়ে নামাল বেলমুড়ি নামের এক অজানা স্টেশনে। ডানকুনিতে ফিরতি ট্রেন আবার রাত আটটায়। তখন সবে সন্ধ্যা সাড়ে ছ'টা। মনে মনে হিসেব করছিল ডানকুনি থেকে দমদম ফেরার ট্রেন পাবে তো? হঠাৎ কে একজন তার খোপাতে হাত রাখল। হাত নয় তার খোপাটাকেই একজন মহিলা অধিকার করে নিল। 'হারামি মাগি, এই নাইনে এয়েচো কী করতি! বাবার বাড়ি এখানি?' ব্যাপার দেখে দুই একজন হকার জানতে চাইল,

—কী ব্যাপার গো মুক্কোমাসি?

—কী আবার? শালি ডানকুনি থেকে আমার কামরায় উঠে এত দূর... আজ পুরো বেবসা মাটি করেছে ছেনাল মাগি!

টুয়া তখন সবে দুপুরে কেনা পার্লে জির প্যাকেট থেকে বাকি চারটে বিস্কুটের একটা মুখে দিয়েছে। মায়ের মুখে 'মাগো!' শব্দটা শুনে সে পিছন ফিরে দেখে, একজন কালোপানা মহিলা কাঞ্চনাকে হিড়হিড় করে টেনে নিয়ে যাচ্ছে। মহিলার শরীর ভারী, পরনে আটপৌরে করে পরা কাপড়, চোখ দুটো এমনভাবে কুঁচকানো যাতে হঠাৎ করে দেখলে মনে হয় যে সে অন্ধ, টুয়া দৌড়ে গিয়ে মাকে জাপটে ধরে। হাঁটার জোরে টুয়ার কচি

হাতটাও যে মাড়িয়ে দিয়ে গেল, তাতে তার ভ্রুক্ষেপ নেই। প্ল্যাটফর্মের শেষপ্রান্তে কাঞ্চনাকে নিয়ে এসে আছড়ে ফেলে সে আবার গর্জে ওঠে।

—বল হারামির বাচ্চা, এই নাইনে কেন এয়েচিলি? দেখি তোর কাড দেখি?

কাঞ্চনা এতক্ষণে মাথার এলোমেলো চুলে হাত দিয়ে বসে ডুকরে উঠেছে।

—ভুল করে এ লাইনে এসে পড়েছি গো মাসি। আমি বুঝতে পারিনি। এইবারটি ক্ষমা করে দাও!

কাঞ্চনাকে দমদম স্টেশনের হকার্স ইউনিয়ান থেকে বোচনদা একটা চিঠি লিখে দিয়েছিল। আর বলেছিল,

—এটা রেলের পুলিশ আর টি.টি. ছাড়া আর কারোর হাতে দেবে না। মেন লাইনে ব্যারাকপুর থেকে নৈহাটি আর দুর্গানগর থেকে বারাসাত পর্যন্ত যেখানে খুশি যাও কিন্তু ডানকুনির দিকে বরানগরের পরে আর যেও না। ওদিক অন্য ইউনিয়ানের। কোনো ঝামেলা হলে কিন্তু আমরা কিছু করতে পারব না। আর আমাদের মিছিলে টিছিলে এসো, এটা নিয়েই আবার বেপাত্তা হয়ে যেও না। সপ্তাহে ওকে... এই বিষ্ণু এদিকে আয়।

ডাক শুনে একটা বেঁটে করে দাড়ি-গোঁফওয়ালা লোক খোঁড়াতে খোঁড়াতে সামনে এসে দাঁড়ায়।

—ওকে সপ্তাহে চাঁদাটা দিয়ে যাবে।

বিষ্ণু কথা শেষ করতে দেয় না।

—পতি শুক্কুরবার। সন্দে সাতটার সময়। আর শোনো মাসি এ চাঁদা বাকি রাখবা না কিন্তু! পরে হ্যাবি ঝামেলা হয়! আমার ওই খিচকানি ভালো লাগে না...

বোচন বিষ্ণুকে চুপ করায়।

—পরে তোমাদের জন্যই ওই টাকা কাজে লাগে। এই তোমাদের তুলে দিতে চাইলে কিম্বা পুলিশ হুজ্জুতি করলে আন্দোলন-ফান্দোলন করতে হয় না? সে তো আর বিনি পয়সায় হয় না! কী বলো! যাগ গে, যা বললাম মনে রেখো, এই চিঠিখানা কারোর হাতে দেবে না।

তাই সেই প্রথমদিন থেকেই কাঞ্চনা ওই চিঠি কাউকে দেয় না। মাসিকেও ওটা দেখাবে না এটা সে প্রথম থেকেই ঠিক করে ফেলেছিল। কিন্তু মাসিও ছাড়বার পাত্র নয়। কাঞ্চনা আজ অন্য লাইনে এসে তার বেশ কিছু রোজগারে হাত ডুবিয়েছে, ফলে এত সহজে সে ছাড়বে বলে মনে হয় না। একবার শুনেছিল হাবরা স্টেশনে এরকম ঝামেলাতে পড়ে একজনের সমস্ত রোজগারই খোয়া গিয়েছিলো। সেটা মনে করে কাঞ্চনা ব্যাগটাকে দু'হাতে আঁকড়ে জড়িয়ে আছে। ওদিকে মুক্তোমাসিও তার কার্ড দেখবেই। নাছোড়বান্দা মাসি এবার তার ব্যাগের দিকে হাত বাড়ায়। ফলে ব্যাগটার উপর টুয়া নিজেও ঝাঁপিয়ে পড়ে। কিছুতেই ব্যাগটা ছাড়াতে না পেরে

মুক্তোমাসি এবার কাঞ্চনার উপর হামলা শুরু করে। চড়ের পর চড়। কয়েকটা টুয়ারও গায়ে এসে পড়ে। শেষে আর অন্য হকারদের মধ্যস্থতায় কাঞ্চনা আর টুয়াকে নিয়ে আসা হয় স্টেশন থেকে নেমেই হকার্স ইউনিয়নের অফিসে। দরমার বেড়া আর টালির চালের অফিসে তখন উপস্থিত সেক্রেটারি। মাঝারি চেহারা, মেটে গায়ের রং, ঠোঁটে অনেকক্ষণ ধরে জ্বলে থাকা বিড়ির শেষ অংশ। খুব মন দিয়ে কী একটা কাগজ পড়ছে। সকলের ঢোকার আওয়াজে মুখ তুলে তাকিয়ে কাগজটা ভাঁজ করে সস্তার কাঠের টেবিলে নামিয়ে রেখে বিরক্তির ভাব এনে বলল—

— কী হল আবার?

মুক্তোমাসি এগিয়ে এসে ঘটনাটা বলতে শুরু করে। আধখানা ঘটনা শুনেই সেক্রেটারিমশাই খেপে লাল। গুলে নামের কাউকে উদ্দেশ্য করে বলে উঠল—

— হ্যাঁরে গুলে আমার কি আর অন্য কাজকম্মো নেই, হ্যাঁ! যতসব ফালতু ঝামেলা। তোরা এই ঘরে বসে করিস কী! আর কোনোদিন এসব ঝামেলা নিয়ে অফিস ঘরে যেন কেউ না ঢোকে।

সেক্রেটারির নির্দেশ শুনেই গুলে এগিয়ে এসে মুক্তোমাসি, কাঞ্চনা আর তাদের সাথে যারা দল বেঁধে ঘরে ঢুকেছিল তাদের বাইরে নিয়ে এসে সব শুনল। সব শুনে সে কাঞ্চনার কাছ থেকে চিঠিখানা দেখতে চাইল। এবার আর কাঞ্চনা না করল না। চিঠি দেখে গুলে বিধান দিল মুক্তোমাসিকে পঞ্চাশ টাকা ফাইন দিতে হবে কাঞ্চনাকে। কাঞ্চনা হাতে পায়ে পড়ে সেটা কুড়ি টাকায় রফা করল। কুড়ি টাকা নিয়ে মুক্তোমাসি কাঞ্চনার মা-মাসি এক করতে করতে যখন চলে গেল তখন রাত ন'টার কাছাকাছি। ডানকুনিতে পৌঁছল রাত সাড়ে এগারোটা নাগাদ। দমদম ফেরার আশা নেই। ফিরলেও দুর্গানগর যাওয়া যাবে না আজ। টুয়া আর হাঁটতে পারছে না। খিদে পেয়েছে তার। তারচেয়েও বেশি পেয়েছে ঘুম। সেই প্রথমবার কাঞ্চনা একা একটা স্টেশনে কাটাল সারারাত।

যদিও এদিকে তার এরকম কোনো সমস্যা হওয়ার কথা নয়। যারা এ লাইনে কাজ করে তাদের সাথে কাঞ্চনার পরিচয় ভালোই আছে। কিন্তু এদিকের ঝামেলা অন্যরকম। প্রথম যেদিন প্রশান্ত এ খবর জানতে পারে, সে বলেছিল—

— এ লাইনটা ছাড়া কি আর অন্য কোনো লাইন ছিল না?

কাঞ্চনা কোনো উত্তর দেয় না। আজকাল সে প্রশান্তর কথায় খুব একটা উত্তর দেয় না। আগে হলে কিছু একটা হয়তো বলত। প্রশান্ত চিঠিটা মেঝের উপর খোলা ফেলে রেখেই উঠে দাঁড়ায়।

— কী হল কথা কানে যাচ্ছে না?

কাঞ্চনা এ কথারও উত্তর না দিয়ে মেঝে থেকে খোলা চিঠিটা তুলে

নিয়ে ঝাঁঝিয়ে ওঠে—

—এই চিঠিখানাই এখন তোমার দু'বেলা গাণ্ডে পিণ্ডে গেলার একমাত্র পথ সেটা ভুলে যেও না।

প্রশান্তও যেন কথাটা শুনতে না পাওয়ার ভঙ্গিতেই আবার প্রশ্ন করল—

—এ লাইনে কি রস আছে?

—হ্যাঁ আছে!

প্রশান্তর সারা শরীর রাগে শক্ত হয়ে ওঠে। কিন্তু কিছু করার উপায় নেই। তাই সে আবার মেঝেতে পাতা মাদুরেই বসে পড়ে। তাদের কোনো খাট এখানে নেই। ইটালগাছার এই বস্তির একটা ঘরে তাদের সংসার বলতে একটা মাদুর, তিনজনের কিছু জামাকাপড়, একটা কড়াই যা প্রয়োজনে হাঁড়ির কাজও করে, আর দুটো থালা। একটা থালা প্রশান্তর আর একটাতে কাঞ্চনা আর টুয়া একসাথেই খায়।

—তুমি তো জানো ও লাইনে আমাদের যাওয়াটা ভালো হবে না। যদি কেউ দেখে নেয়!

প্রশান্ত এবার ঠান্ডাভাবে কথাটা বলে।

—কী করা যাবে। আমি তো অন্য লাইন চিনি না। ওদিকে যাব কী করে?

কাঞ্চনা সদ্য কেনা ঠোঙা থেকে থালায় চাল ঢালতে ঢালতে উত্তর দেয়। প্রশান্ত শুধু একটা দীর্ঘ নিঃশ্বাস ফেলে বলে,

—রানাঘাটের দিকে কখনও যেয়ো না।

ডাউনে ট্রেন আসছে। কাঞ্চনা ব্যাগটা তুলে নেয়। টুয়াও উঠে দাঁড়ায়। কিছু লোক স্টেশনে উঠেই ছুটতে শুরু করে আগের কামরাগুলোতে উঠবে বলে। কাঞ্চনা ইচ্ছে করেই শেষের দিকের কামরায় উঠবে। নৈহাটির পরে কামরা পালটে পালটে এগোবে। কাঞ্চনা যেখানে দাঁড়িয়েছিল, সেখানে লেডিস পড়ল। টুয়াকে আগে তুলে কাঞ্চনা ওর পেছনে উঠল। টুয়া উঠেই সোজা বাঁ পাশে ভিতরে ঢুকে গেল। সে জানে মায়ের কাজ শুরু হবে এক্ষুনি। ট্রেন চলতে শুরু করল। প্ল্যাটফর্ম ছাড়াতেই কাঞ্চনা শুরু করে—

"প্রাণ ভরিয়ে তৃষা হরিয়ে

মোরে আরো আরো আরো দাও প্রাণ..."

সিটে বসে থাকা কয়েকজন মহিলা একটু বিরক্ত হয়ে তাকাল। কাঞ্চনা স্বাভাবিকের থেকে এক পর্দা উপরে সুরটা ধরেছে। না হলে ট্রেনের এই গম্ভীর আওয়াজে ওই পাতলা সুরেলা আওয়াজ কারোর কানে পৌঁছাবে না। ছেলেবেলাতে আর পাঁচজন মেয়ের মতোই ও গান শেখা শুরু করে। গানের গলা খারাপ ছিল না। তাই বাবা-ই ভর্তি করে দিয়েছিল গানের স্কুলে। কাঞ্চনার বাবার একটা ছোট মুদির দোকান ছিল জয়নগরে। এখন সেটা তার দাদা দেখাশুনো করে। বিয়ের পর থেকে গেল বছর পর্যন্ত তার

সাথেও সম্পর্ক ভালোই ছিল কাঞ্চনার। এখন আর নেই। ফলে ঘরছাড়া হলেও ওদিকে যেতে পারেনি। কারণ সেখানেও প্রশান্ত মোস্ট ওয়ান্টেড।

এ কামরায় আজ তেমন কাজ হল না। মাত্র ছ'টাকা। কাঁকিনাড়া আসতেই তারা নেমে পড়ে। নেমেই দ্রুত এগোতে হয় পরের কামরার দিকে। লেডিসে ওঠার এই এক সমস্যা। নেমেই ভেন্ডার। মাল ওঠানামার জাঁতাকলে এগোনোই মুশকিল। ভেন্ডারের পরের জেনারেল কামরায় পৌঁছতে পৌঁছতেই ট্রেন ছাড়বে ছাড়বে ভাব। টুয়াকে একজন টেনে তুলে নিল। আর কাঞ্চনা প্রায় লাফিয়ে উঠল কামরায়। লেডিসের থেকে এ কামরায় বেশ ভিড়। সমস্যা নেই। এই কামরাগুলোতেই কিছু কাজ করা যায়।

একটু ভেতরে ঢুকেই আবার কাজ শুরু করবে সে। দরজার সামনেটা অনেকে এসে ভিড় জমিয়েছে। পরের স্টেশনে নামবে তারা। 'দাদা একটু দেখি, ভেতরে যাব।' বলতে বলতে ভেতরে ঢোকবার চেষ্টা করে কাঞ্চনা। কেউ কেউ সাইড দিয়ে দেয়। কেউ বা একটু অপ্রসন্নভাবে তাকায়। সে সতর্কভাবে এড়িয়ে যায় এসব দৃষ্টি। মনে মনে ঠিক করে নেয় শ্যামাসংগীত দিয়ে শুরু করবে এ কামরাটা। ঠোঁটেই এসে যায়, 'মা তোর কত রঙ...' গানটা। যেদিন তার শাশুড়ি তাকে প্রথম দেখতে এসেছিল, দাদা গানটা শোনাতে বলে। শাশুড়ির পছন্দ হয়। বউভাতের পরের দিন তিনি সমস্ত পাড়া-পড়শিদের জড়ো করে নিয়ে এসে গানের আসর বসান দুপুরের খাওয়া দাওয়ার পর। শ্যামাসংগীত শুনে পাড়ার বিন্দুমাসি বলল—

— তা মা কিত্তন জানো নি? জানলে গাও না!

কীর্তন জানা ছিল না কাঞ্চনার। বলল—

— কীর্তন তেমন জানা নেই আমার।

বলে লজ্জায় মাথা নামিয়ে ঘোমটাটা টেনে নিল। ঠোঁটকাটা বলে পাড়ায় বিন্দুমাসির বেশ নামডাক আছে, বলে উঠল—

—সে কী গো নতুন বউ! এত গান শিখলা আর কিত্তন শিখলা না? যাগ গা, দিদি, এখন তুমি মাঝে মাঝেই হাল ফাশানের গান শুনতে পাবা!

বলেই তিনি উঠে পড়ার তোড়জোড় শুরু করলে কাঞ্চনার শাশুড়ি একটু অপ্রস্তুত হয়ে পড়ে।

—দিদি বোসো না! কাঞ্চনা তুমি বাউল গান জানো বললে না? সেটাই গাও না।

কাঞ্চনা মাথা নাড়ে। আরও দু'-একজনের অনুরোধে বিন্দুমাসি বসে পড়ল বটে কিন্তু অখুশি। কাঞ্চনা গাইল। সকলেই এককথায় মেনে নিল—

—না দিদি, ভাগ্য করে বউমা পেয়েছেন! কী সুন্দর গানের গলা!

বিন্দুমাসি কেবল প্রথমে 'হুঁ' ছাড়া আর কিছুই বলল না। পরে দু'-একজনের খোঁচানিতে তিনি বললেন 'হুঁ শুধু কিত্তন...'। শম্পাকাকিমা

থামিয়ে বলল, 'আরে মাসি, এখানে যখন এসে পড়েছে তখন মাঘ-পৌষে তোমাদের কিত্তনের ঘটায় ও শিখে যাবে।' বলেই একটা ফাজলামো হাসি হাসল। দেখাদেখি আরও দু-একজন আঁচল তুলে মুখে দিলো। হারমোনিয়াম বাজিয়ে আর গান গাওয়া হয়নি কাঞ্চনার। মফস্সল শ্বশুরবাড়িতে এসব হয় না। মাঝে মাঝে নিচু স্বরে 'ধুম' চ্যানেলটা চালিয়ে তারচেয়েও নিচু স্বরে গুন গুন করেছে হাল ফ্যাশানের কিছু বাংলা গান। তার শ্রোতা কেবল সে আর কখনও বেশি রাতে প্রশান্ত। সদ্য শেভ করা গাল দিয়ে কাঞ্চনার নরম গাল ঘসতে ঘসতে তার প্রথম দিকের আবদার থাকত,

—ওই গানটা গাও না!

—কোনটা?

কাঞ্চনা আদুরে গলায় প্রশ্ন করত।

—ওই যে গো ওই 'প্রেমের কাহিনি'র গানটা... 'হু হু প্রেমের কাহিনি...'

নিজেই লাইনটা ধরিয়ে দিত প্রশান্ত। মৃদু গলায় গানটা সেখান থেকেই শুরু করত কাঞ্চনা। প্রশান্তর আদর গভীর থেকে আরও গভীর হয়ে আসত।

টুয়া কাঞ্চনার ব্যাগের ভিতর কিছু খুচরো ফেলে দিয়ে পরের সিটের দিকে এগোলো। কাঞ্চনা সঞ্চারীর লাইনটাই বার দুই রিপিট করে। পরের লাইনগুলো মনে পড়ছে না। প্রথমদিনও এই সমস্যাটা হয়েছিল। ট্রেন থেকে নেমে সেদিন কান্না পেয়ে গিয়েছিল। কিন্তু তারপরের তিনমাসে সে বুঝে গিয়েছিল ট্রেনে একটা গান আদ্যোপান্ত ভুল গাইলেও শুধু আবেগ দিয়ে নিজের দৈন্যতাকে বোঝাতে পারলেই পয়সা মেলে। ফলে সে দু-একটা লাইন টপকে এক অন্য লাইনে এসে পড়ল। ট্রেন পলতা এসে গেল প্রায়। এখান থেকে আবার কামরাটা পালটাতে হবে তাকে। লাইনটা মাঝখানেই থামিয়ে, নিজের দৈন্যতাকে উজাড় করে দেয় ট্রেন ভর্তি প্যাসেঞ্জারদের কাছে—

—দাদারা, আমার স্বামীর কাজ নেই, অ্যাক্সিডেন্ট করে ঘরে বসা। ছোটো মেয়ে আছে। ওর মুখ চেয়ে যে যা পারবেন দেবেন দয়া করে...

কথাগুলোও দ্রুত শেষ করে। এর চেয়ে বেশি দরকার ও সময় কোনোটাই নেই। এ কামরায় ভালোই কালেকশন হয়েছে। টুয়া তিনবার তার ব্যাগে হাত ঢুকিয়েছে। 'দাদা নামবেন?' জানতে চেয়ে টুয়ার হাত ধরে এগিয়ে যায় কাঞ্চনা। ট্রেন প্ল্যাটফর্ম ছুঁয়েছে। টুয়াকে আগে নামায়। নিজে নেমেই দ্রুত এগোতে থাকে পরের কামরার দিকে। অনেকক্ষণ ট্রেন নেই ফলে ভিড় বেশ হয়েছে। গেটের কাছাকাছি পৌঁছানোর আগেই কাঞ্চনা টের পায় কে যেন তার কাঁধে হাত রেখেছে।

—তুমি টুলুর বউ না?

'ওরে টুলুর বউ এসে গেছে।' প্রথম নামটা শুনেছিল কাঞ্চনা। সবে

তারা গাড়ি থেকে নেমেছে। বরণ করে তখনও তাকে ঘরে তোলেনি তার শাশুড়ি, জায়েরা। সেই থেকেই সে কেবল 'টুলুর বউ'। 'কাঞ্চনা' নামটা কেবল মাত্র ভোটের লিস্ট মেলানোর সময় মিলিয়ে নিত সে। প্রশান্তও তার সরকারি নামটা হয়তো ভুলেই যেত যদি না তার নামে কমিশনের চেকগুলো আসত! আর ২০১০-১১ সালে রানাঘাট জুড়ে 'টুলু' নামটা ক্রমশ হয়ে উঠেছিল একটা স্বপ্নের নাম। পাড়ার অন্তত গোটা সাতেক ছেলে প্রায় সারাদিন টুলুকে ঘিরে মানুষের ঘরে ঘরে স্বপ্ন পৌঁছে দেওয়ার প্ল্যানিং আর নিজেদের ঘরে মোটা অঙ্কের কমিশনের চেক তুলে নিয়ে যাওয়ার স্বপ্নে মশগুল। প্রশান্তও তার আট হাজারি বেসরকারি চাকরি ছেড়ে 'সারদা' নামের চিট ফান্ড সংস্থার নানান অর্থ সংগ্রাহক হিসেবে ক্রমে 'টুলু' হয়ে উঠেছে। এলাকার চাওয়ালা, রিকশাওয়ালা থেকে নানা মাপের পয়সাওয়ালা মানুষ টুলুর স্বপ্নে সওয়ার। সকাল আটটার মধ্যে প্রশান্ত বাইরের ঘরে তার নিচের এজেন্টদের নিয়ে মিটিং-এ বসত। কাঞ্চনাও ভোরে উঠে এক ফ্লাস্ক চা করে রেখে আসত ওই ঘরে। কিছু প্লাস্টিকের কাপ এনে রেখেছিল প্রশান্ত। তারপর দশটা সাড়ে দশটা নাগাদ ভাত খেয়েই বেরিয়ে যেত ক্লায়েন্ট ভিজিটে। এগারোর পুজোয় বাইক কিনল।

—সাইকেলে সারাদিন ঘুরে বেড়ানো সম্ভব নয়। একটা বাইক কিনেই নিই কী বলো?

সেদিনকার আসা বত্রিশ হাজারের চেকটা দেখতে দেখতে কথাটা তোলে প্রশান্ত।

—ভালোই হয়। টুয়াকে স্কুলে দিয়ে আসতে পারবে তুমি। তাহলে স্কুলের ভ্যানটা ছাড়িয়ে দেবো। মাঝে মাঝেই আসে না আর দু'মাস পরপর টাকা বাড়ানোর ধান্দা।

সপ্তাহখানেক পরেই ইনস্টলমেন্টে গাড়ি চলে এল বাড়িতে। পরের দিন ভোর পাঁচটায় সবাইকে টেনে তুললো টুয়া—

—বাবা ওঠো। আমায় স্কুলে দিয়ে আসবে না?

প্রশান্ত ঘুমমাখা চোখে ঘড়ি দেখে—

—তোর স্কুল তো সাড়ে দশটায়। এখন কী?

—ওঠো, দাঁত মাজো। দেরি হয়ে যাবে তো?

কাঞ্চনা বিরক্ত হয়ে দু'ঘা বসিয়ে দেয় মেয়ের গায়ে—

—অন্যদিন স্কুলে যাওয়ার নাম শুনলেই চিৎকার শুরু করে আর আজ... শো বলছি!

সেইদিন সারাদিন টুয়ার ঠাকুমা সব্বাইকে ডেকে সেই গল্পটা শুনিয়েছিল। ওদিকে টুলুর সাতজন সৈনিক তখন পঁয়ত্রিশ জনে এসে পৌঁছেছে। তাদের মধ্যে জনা আটেক মহিলা।

—মেয়েরা পারে এসব?

কাঞ্চনা অবাক হয়ে যায়।

—মেয়েদেরই সাকসেস রেশিয়ো সবচেয়ে বেশি। ওরা যা পটাতে পারে না!

প্রশান্ত হেসে বলে—

—কেন নিজেকে দিয়ে বোঝো না! প্রতিমাসেই একটা করে নতুন শাড়ি কেমন আমায় কনভিন্স করে কিনে ফেলো!

—আহা শাড়ি কেনা আর লোকের থেকে টাকা জোগাড় করা কি এক ব্যাপার হল?

—একই ব্যাপার।

—তাহলে আমিও করতে পারি?

—চেষ্টা করলে হয়তো পারবে।

প্রশান্তের চোখ ঘুমে জড়িয়ে আসে।

—তাহলে আমাকেও নাও!

কাঞ্চনা আবদার করে—

—মেয়ে বড়ো হচ্ছে। বিয়ে দিতে হবে। এখনি বাজারে যা দাম আর কুড়ি বছর বাদে কী হবে... কী গো ঘুমিয়ে পড়লে?

কাঞ্চনা প্রশান্তকে ঠেলে দেখে নেয় সে ঘুমিয়েছে কিনা। প্রশান্তও একটা ‘হুঁ’ শব্দ করে নিজের শ্রোতা হওয়ার প্রমাণ দেয়।

—কি গো ঘুমিয়ে পড়লে?

—উঁহূ!

প্রশান্ত সংক্ষেপে উত্তর দেয়। কাঞ্চনা নিজের থুতনি প্রশান্তের বুকের উপর তুলে নিয়ে প্রশস্ত বুকে আঙুলে আরামের আলপনা আঁকতে শুরু করে।

—আমাকেও নাও না গো!

—কাল ভেবে জানাব।

—কাল কেন আজই বলো না। তোমারও তো সুবিধে হবে!

—মেয়েকে দেখবে কে?

—ওরা দেখে কীভাবে?

—মা আপত্তি করতে পারে। দাদারাও...

কাঞ্চনা আর কথা বাড়ায় না। প্রশান্ত অকাট্য যুক্তি দিয়েছে। প্রশান্তর দাদারা একই ছাদের তলায় আলাদা হাঁড়িতে বসবাস করলেও এক অদৃশ্য ক্ষমতায় সমস্ত পরিবারের সুতো ধরে রেখেছে, এ কথা কাঞ্চনা বিয়ের সপ্তাখানেকের মধ্যেই বুঝে গিয়েছিল। দ্বিরাগমন থেকে ফিরে প্রশান্ত হানিমুনের প্ল্যান করেছিল দার্জিলিং-এ। দাদাদের বলতেই মেজদা বলল, ‘তা যা। তবে দার্জিলিং বেশ কস্টলি। তোরা এক কাজ কর। দীঘা ঘুরে আয়।’

কাঞ্চনা বিয়ের আগেও বার পাঁচেক দীঘা গেছে। ওই একই সমুদ্র, ভিড়, নোংরামি আর ভালো লাগে না। দার্জিলিং তার যাওয়া হয়নি

একবারও। দ্বিরাগমনের দিন দুই পর নিঃশব্দে কিছু হালকা লাগেজ গুছিয়ে গিয়ে উপস্থিত হয়েছিল চিরপরিচিত, একঘেয়ে দীঘার সমুদ্রবিচে। আর তাদের যাওয়া হয়নি কোথাও। দাদারাও যায় না কোথাও। মেয়ে হল। এগারো থেকে সালটা কীভাবে বারোতে ঘুরে গেল বোঝা গেল না। প্রশান্তও ক্রমশ ডুবতে ডুবতে তলিয়ে গেল কাজের মধ্যে।

কথাও কম হয়। কোনো কথা বললেই খিটখিট করে ওঠে। খাওয়া-দাওয়ারও কোনো সময় নেই। নানা রকমের লোক আসে তার কাছে। কাউকেই চেনে না কাঞ্চনা। মার্চ মাসে একজন এল বাড়িতে বাইক চড়ে। প্রশান্ত বাড়িতে ছিল না, একটা চিঠি দিয়ে গেল। রাতে জানতে চাইল 'কীসের চিঠি গো?' প্রশান্ত উত্তর করল না। পরদিন সকালে বড়দা ডেকে জানতে চাইল—

—হ্যাঁরে, তোর বাইকের ইনস্টলমেন্ট দিস না?

—কেন?

—কাল মধুর দোকানে একটা লোক এসেছিল। তোর ঠিকানা জানতে চাইছিল। আমি বলে দিলাম। ফেরার সময় জানতে চাইলাম 'পেলে?' বলল, না। তখনই জানতে পারলাম। বলল এমাসের মধ্যে টাকা না মেটালে গাড়ি তুলে নিয়ে যাবে... কী ব্যাপার রে?

প্রশান্ত চুপ করে চায়ে চুমুক দিতে লাগল। বড়দা আবার জানতে চাইল 'কীরে?' প্রশান্ত আরও একবার চায়ে চুমুক দিয়ে বলল,

—জানুয়ারি থেকে অনেকগুলো পেমেন্ট আটকে আছে। কিছু ম্যাচিওরিটি আটকে গেছে। বড়ো টাকা। খুব দরকার ছিল ক্লায়েন্টের। আমার থেকে দিয়ে ঝামেলা মেটালাম। তাই ইনস্টলমেন্ট ফেল করে গিয়েছে। এমাসের মধ্যে সব চেকগুলো ক্লিয়ার হবে বলল কলকাতা অফিস থেকে। পেলেই সব মিটিয়ে দেবো...

পেমেন্ট মেটাতে হয়নি। এপ্রিলের বারো তারিখ গাড়িটা তুলে নিয়ে গেল রাস্তা থেকে। চোদ্দ তারিখ পর্যন্ত টুয়াকে স্কুলে নিয়ে যাওয়াই গেল না। সে বাবার বাইক ছাড়া যাবে না। পনেরো তারিখ সারাটা দিন যে প্রশান্ত কোথায় ছিল কেউ জানে না। মিনিটে মিনিটে লোক আসে বাড়িতে তার খোঁজে। একসময় মেজোজা তো বলেই ফেলল, 'কেন বাপু আমরা এসব ঝামেলা পোয়াতে যাব? তোমার জিনিস তুমিই বোঝো।' প্রথম সেদিন কাঞ্চনা অনুভব করল, যেন সে একটা আদিগন্ত বিস্তৃত খোলা মাঠের মাঝখানে দাঁড়িয়ে আছে। এখান থেকে সে যে কোনদিকে যাবে জানে না! প্রশান্ত ফিরল মাঝ রাতে। জিজ্ঞেস করাতে বলল,

—কলকাতা গিয়েছিলাম।

—সারাদিন অনেকে তোমাকে খুঁজতে এসেছিল। কী হয়েছে গো? টিভিতে...

—কোম্পানি বন্ধ হয়ে গেছে। সি.ই.ও, এম.ডি., কাউকে খুঁজে পাওয়া যাচ্ছে না।

প্রশান্ত বাইরের জামাকাপড় না খুলেই খাটের ওপর বসে পড়ে। এমন ধ্বস্ত তাকে কোনোদিনও দেখেনি কাঞ্চনা।

—এখন কী করব? এত টাকা আমি কোথেকে দেবো? লোকে যে মেরে ফেলবে আমায়!

কাঞ্চনা প্রশান্তের উস্কোখুস্কো মাথাটা বুকের মধ্যে গুঁজে নিয়ে সান্ত্বনা দেয়—

—চিন্তা করো না, ঈশ্বর সব ঠিক করে দেবেন। টাকা তো তুমি নাওনি, কোম্পানি নিয়েছে, কোম্পানি বন্ধ তো তুমি দেবে কেন?

সারারাত আর ঘুম এল না কারোরই। বেশ ভোরে কাঞ্চনার ফোন বাজল। 'দাদা! এত সকালে?' দাদার ওখানেও কাল থেকে লোক আসছে। প্রশান্তের ফোন বন্ধ তাই...

সাত-সকাল থেকেই প্রশান্তের বাইরের অফিসঘরে লোক আর ধরে না। সবাই জানতে চায় 'কী হবে? টাকা ফেরত পাওয়া যাবে তো?' প্রশান্ত বরাভয় দেয়। 'দাদা, কোম্পানি ঠিক টাকা ফেরৎ দেবে। ক'টা দিন একটু অপেক্ষা করুন।' কেউ বিশ্বাস করে, কেউ বা করে না। প্রশান্ত এবার ব্রহ্মাস্ত্রের ব্যবহার করে। 'দাদা, কোম্পানি না থাক আমি আছি তো! কোম্পানি না দিক আমি দেবো। শুধু ক'টা দিন অপেক্ষা করুন।'

অপেক্ষায় সপ্তাহ পার হয়। কিছু আমানতকারী ইতোমধ্যে কলকাতার হালচাল জেনে এসে আগুন ছড়ায়। টিভির খবর তাতে আরো হাওয়া সংযোগ করে। প্রশান্ত খেপে ওঠে, 'আপনারা যত ফালতু কথায় কান দিচ্ছেন! বলছি তো সব ঠিক হয়ে যাবে। আমি তো আছি। বাজে কথায় কান দেবেন না। সবাই ষড়যন্ত্র করছে।' পাবলিক আরও খেপে যায়।

—শালা সবাই মিথ্যে বলছে, কেবল তুমি আর তোমার সুদীপ্ত সেনই সত্যবাদী যুধিষ্ঠির, না? দু দিন সময় দিয়ে গেলাম, যদি টাকা না পাই...

সেদিন সারাদিন বসে প্রশান্ত হিসেব করল। সব মিলিয়ে চল্লিশ লাখ ফেরত দিতে হবে, অথচ জমানো টাকা আর কাঞ্চনার গয়নাগাটি সব মিলিয়ে লাখ দুয়েকের বেশি হবে না। 'এবার কী করব? আমার তো গলায়...' কাঞ্চনা কথাটা শুনেই ডুকরে ওঠে। আজ সন্ধ্যার খবরেই শুনেছে দক্ষিণ ২৪ পরগনার দুজন এজেন্ট গলায় দড়ি দিয়েছে।

—দাদাদের বললে আমাদের বাড়ির ভাগের টাকা দেবে না?
কাঞ্চনা জিজ্ঞেস করে।

—বড়দাকে বলেছিলাম। দেবে না। বলল, মা বেঁচে থাকতে বাড়ি ভাগাভাগি হবে না।

পরদিন সকালে প্রশান্ত ব্যাঙ্কের বই, কাঞ্চনার গয়নাগাটি নিয়ে বেরিয়ে গিয়ে বিকেলের দিকে ফিরে এল। রাত পর্যন্ত এক একজনকে ডেকে বুঝিয়ে সুঝিয়ে কিছু কিছু করে টাকা দিচ্ছিল প্রশান্ত। শেষের দিকে গোল বাঁধল। একজনের মেয়ের বিয়ে। চাকরির শেষে পাওয়া পি এফ-এর দু' লক্ষ টাকা রেখেছিল। তার পুরোটাই ফেরত চাই। সে কুড়ি হাজার নিতে রাজি নয়। প্রথমটায় গজরাতে গজরাতে চলে গেলেও পরে ফিরে এল দলবল নিয়ে। প্রথমে চিৎকার চেঁচামেচি তারপর ধমকি আর তারপর মার। রাত সাড়ে বারোটার মধ্যে প্রশান্তের বাইরের ঘরটা একটা কাবাড়খানা হয়ে গেল। প্রশান্তর সারা মুখে কালশিটে দাগ। ঠোঁটের কোন বেয়ে রক্ত গড়িয়ে এসে শুকিয়ে গেছে। গায়ের জামাটার পকেট ছিঁড়ে ঝুলছে, জামাটা গেল পুজোয় কলকাতার বিগবাজার থেকে নিজে পছন্দ করে কিনেছিল কাঞ্চনা।

—এত সকালে কোথায় যাচ্ছ?

বাইরে তখনও অন্ধকার কাটেনি। প্রশান্তকে জামা গায় দিতে দেখে প্রশ্ন করে কাঞ্চনা।

—কলকাতা অফিসে যাব।

—আলো ফুটলে যেও!

কাঞ্চনা উতলা হয়ে ওঠে।

—না, দেরি হয়ে যাবে।

প্রায় ছুটে বেরিয়ে গেল প্রশান্ত। কাঞ্চনাও ছুটতে ছুটতে খানিকটা এগিয়ে গিয়ে জানতে চাইল—

—কখন ফিরবে?

—রাত হয়ে যাবে।

রাত হয়ে গেল। একরাত, দুরাত, তিনরাত... প্রশান্ত এল না। তার খোঁজে সারাদিন ধরে বাড়িতে লোক এল। চেঁচামেচি, গালাগাল, হুমকি। টুয়ার স্কুলে যাওয়াও বন্ধ। রাতের পর রাত কাঞ্চনা আলো নিভিয়ে বিছানায় আতঙ্কে কাটিয়েছে। বার বার মনে হয়েছে এই বোধহয় কেউ বাইরের দরজায় ধাক্কা মারছে, এক্ষুনি বোধহয় কেউ দরজাটা ভেঙে ফেলবে একটা লাথিতে।

জানলায় কে যেন দুবার টোকা মারল। রাত ক'টা হবে? অন্ধকারে আন্দাজ করা মুশকিল। কাঞ্চনা কান খাড়া করে শোনে। শব্দটা ভুল শুনল না তো? না, আবার হল। গুনে গুনে তিনবার। কাঞ্চনা উত্তর দেবে কিনা

ভাবে! আবার শব্দটা হয়। এবার একটু জোরে, একটু বেশিবার। কাঞ্চনা জানলার কাছে গিয়ে নিচু গলায় প্রশ্ন করে 'কে?' কয়েক সেকেন্ড পর উত্তর আসে 'দরজা খোলো! আমি টুলু।'

প্রায় ছ'মাস পর হঠাৎ করে নামটা শুনে চমকে উঠেছিল কাঞ্চনা। পিছন ফিরে দেখে বয়স্ক লোক। পরনে ধুতি হাতে কাপড়ের ব্যাগ। লোকটা আবার প্রশ্ন করে, 'তুমি টুলুর বউ না!' কাঞ্চনা উত্তর দেয় না। টুয়ার হাত ধরে হনহন করে এগিয়ে যায়। ট্রেনটা ছেড়ে দেবে। একটা কামরায় উঠতেই হবে। লোকটাও পিছু ছাড়ে না। সে প্রায় ওদের পিছনে দৌড়চ্ছে। কাঞ্চনা দু'-একজনকে ধাক্কা মেরে এগোয়। কোনোরকমে উঠে পড়ে একটা কামরায়। ট্রেন ছেড়ে দিয়েছে। লোকটা ওই চলন্ত ট্রেনেই লাফিয়ে উঠে পড়ে। গেটে দাঁড়ানো লোকেরা হা-হা করে ওঠে। 'দাদু এক্ষুনি তো চাকার তলায় চলে যেতে!' লোকটার এসবে ভ্রূক্ষেপ নেই। সে বাইরের ভিড় ঠেলে ভিতরে এসে কাঞ্চনার পিছনে দাঁড়িয়ে আবার হাঁফাতে হাঁফাতে প্রশ্ন করে, 'তুমি টুলুর বউ তো?' কাঞ্চনা বিরক্ত হয়ে বলে 'কী চাই কী আপনার? কে আপনি?' টুয়া মায়ের আঁচল আঁকড়ে দাঁড়িয়ে থাকে। কামরার লোকেদের কেউ কেউ ব্যাপারটা লক্ষ করে। বয়স্ক লোকটির দিকে কেউ কেউ কটমট করে তাকিয়ে থাকে। বয়স্ক লোকটি ভালোভাবে দেখে নেয় কাঞ্চনাকে। 'না। আমি ভুল করিনি। তুমিই কাঞ্চনা। এটা তোমার মেয়ে না? কি যেন নাম... হ্যাঁ অঞ্জলি। তাই না মা?' টুয়ার চিবুকে হাত দিতে গেলে কাঞ্চনা হাতটা ঠেলে দেয়। তখনি পাশ থেকে একজন ইয়ং ছেলে বয়স্ক লোকটার কাঁধে হাত রাখে। 'কী হচ্ছে দাদু? সমস্যাটা কী?'

—কিছু না বাবা। এনারা আমার পরিচিত।

—না না, দাদা, আমি ওনাকে চিনিই না!

কাঞ্চনা প্রায় চিৎকার করে ওঠে।

—সেকী মা, তুমি আমাকে চেনো না? কেষ্ট মাঝি! বিয়ের পর একবার তুমি আর টুলু এসেওছিলে আমার বাড়ি। গাছপাকা আম খেলে। মনে নেই? তা তোমার না থাক টুলুর আছে।

—তো দাদু টুলুর কাছেই যাও! বুড়ো বয়সে কি রেপ কেসে জেলে যেতে চাও?

বয়স্ক লোকটি এবার একটু হাসল—

—হ্যাঁ বাবা, যাদের জেলে থাকার কথা তারাই মৌজ করে আজকাল, আর আমরা... যার গাছের আম খেলো, পি এফ-এর দু'লাখ খেয়ে আমায় পথের ভিকিরি করে এখন চিনতেও পারছে না! তো আমাকে জেলেই যেতে হবে...

এবার কামরার চোখগুলোয় পরিবর্তন আসে। তাতে যেন ভদ্রলোক বুকে খানিক জোর পেলেন।

—আমার কথা বিশ্বাস হচ্ছে না? পিছনের কামরায় আরও লোক আছে তাদের জিজ্ঞেস করে নিন। আমরা আজ সবাই কমিশনের অফিসে যাচ্ছি নিজেদের কাগজপত্র জমা দিতে। দাঁড়ান—দাঁড়ান—আমি ফোন করছি...

বলতে বলতেই পাঞ্জাবির পকেট থেকে মোবাইল বের করে নম্বর খুঁজে ডায়াল করতে থাকেন ভদ্রলোকটি।

—অ্যাই পল্টু সামনের দিকে চারনম্বর কামরায় চলে আয়। পেয়েছি রে! আমি বলছিলাম না, বেটি টুলুর বউ। চলে আয়, হ্যাঁ! ব্যারাকপুর নেমে উঠে পড়। কী... কী... শুনতে পাচ্ছি না। নেমে আয় বাবা।

ঘটনার দ্রুততায় যারা এতক্ষণ কাঞ্চনার পক্ষে খানিক এগিয়েছিল তারা অন্যদিকে ঘুরে গেছে। যেন এতক্ষণ এখানে কিছুই হয়নি। কাঞ্চনা একটা অজানা ভয়ে সিঁটিয়ে গেছে। সাধারণত পলতা থেকে ব্যারাকপুর ঢোকার আগে ট্রেনটা অন্তত একবার থামে। ভাবছিল থামলেই লাফিয়ে নেমে যাবে। যা হয় হবে। কিন্তু টুয়া! টুয়াকে নিয়ে রিস্ক হয়ে যাবে! ট্রেনটাও আজ দাঁড়াল না। স্লো হলেও একটানেই ব্যারাকপুরে ঢুকে গেল। ট্রেন থামতেই বয়স্ক লোকটা দরজার সামনে এগিয়ে যায়। মাঝে মাঝে কাঞ্চনার দিকে দেখে নিচ্ছে। ওদিকে দু-একজন এতক্ষণ ধরে চলা ভদ্রলোকের প্রতারিত হওয়ার গল্পের চিল-চিৎকারে দ্রবীভূত হয়ে কাঞ্চনাদের প্রায় ঘিরে রেখেছে। তাদের উদ্দেশ্য করে লোকটি বলে—

—দেখবেন দাদা যেন পালিয়ে না যায়। ...এদিকে এদিকে পল্টু... আয় আয় উঠে আয়।

কাঞ্চনার বুকটা ধক করে উঠল। যেদিন কাঞ্চনাদের বাইরের ঘর ভাঙ চুর হয় এই ছেলেটাও ছিল।

—এটাই সেই মাল?

খুলে পরা ফুল হাতা জামাটার হাতা গোটাতে গোটাতে এগোয় ছেলেটা।

—টুলু কোথায় রে?

প্রশ্নটা কাঞ্চনাকেই করেছে।

—আমি জানি না। সত্যি বলছি দাদা!

কাঞ্চনা জানে এসময় একমাত্র তার চোখের জলই তাকে বাঁচাতে পারে।

—জানো না! শালি দু'ঘা রদ্দা দিলেই সব জেনে যাবে! পালিয়ে ভেবেছ পার পেয়ে যাবে। বল ও শালা কোথায়?

দুহাত জড়ো করে কাঞ্চনা ফুঁপিয়ে ওঠে—

—সত্যি বলছি দাদা, আমি জানি না। সে থাকলে কি আর আমাকে লাইনে কাজ করতে আসতে হয়! একদিন রাতে এসে বের করে নিয়ে হাওড়া স্টেশনে আমাদের বসিয়ে সেই যে গেল আর আসেনি। সত্যি বলছি!

এই আমার মেয়ের দিব্যি।

বয়স্ক লোকটি এবার ভিড় ঠেলে এগিয়ে আসে—

—প্রথমে আমাকে চিনতেই পারে না। এখন সবই মনে পড়ছে। দাঁড়া বেটিকে এ স্টেশনে নামা। সবাইকে ডাক। সবাই মিলে না ধরলে কিছু ওগড়ানো যাবে না। চল!

ট্রেন টিটাগড় ছুঁয়েছে সবে। ছেলেটা শক্ত হাতে টেনে নামায় কাঞ্চনাকে। টুয়া সে টানের সাথে টাল সামলে নামতে পারে না। হোঁচট খায়। কাঞ্চনা তাকে সামলাতে চেষ্টা করে। পারে না। ছেলেটা হ্যাঁচকা টান মেরে প্ল্যাটফর্মে আছড়ে ফেলে কাঞ্চনাকে। টুয়া মাকে জাপটে ধরে। ভয়ে তারও দু'চোখে জল। 'আহ'! ছেলেটা নিজের বাঁ পা দিয়ে কাঞ্চনার ডান পাটা চেপে ধরে।

বেশ রাত হয়ে গেছে। চার নম্বর প্ল্যাটফর্ম ফাঁকা ফাঁকা। অন্ধ বুড়ি তিন টাকার চা নিয়ে এসেছে গ্লাসে। 'নে, ঢেলে খা চা-টা। সারাদিন খেয়েছিলি কিছু? মাইয়াটাও তো বোধহয়...' গ্লাসটা প্ল্যাটফর্মের শানে নামিয়ে রাখে। ঘণ্টাখানেক হল জি.আর.পি-র ঘর থেকে বেরিয়েছে কাঞ্চনা আর টুয়া। অফিসের বাইরেই বসেছিল বুড়ি। সে যেন কোথেকে খবর পেয়েছে! টুয়াই তাকে প্রথম দেখে। 'মা, অন্ধ-ঠাকুমা!' কাঞ্চনা খেয়ালই করেনি। টিটাগড় নামিয়ে ঘণ্টাখানেক জনা দশজন আমানতকারী ধমকে চমকে জেরা করে কিছু না পেয়ে শেষে যখন সবে চড়-থাপ্পড় শুরু করেছে তখনই জি.আর.পি-র রাউন্ডে থাকা কনস্টেবলবাবুটা এসে নিয়ে যায় কাঞ্চনা আর টুয়াকে। পিছন পিছন লোকগুলোও যায়। কনস্টেবলবাবু সোজা বড়োবাবুর ঘরে ঢুকিয়ে দেয় কাঞ্চনাদের। বড়োবাবু সব শুনে বাইরের লোকেদের বলে, 'আচ্ছা, এদের আমরা থানায় চালান করে দেবো। আপনারা যান। যা খবর নেবার ওখান থেকে নিয়ে নেবেন। এখন এখান থেকে যান।' সবাইকে বের করে দিয়ে ঘরের দরজা বন্ধ করে দেয় বাইরে থেকে।

মিনিট কুড়ি পর দরজা খুলে বড়োবাবু জানতে চান, 'সে কোথায়?' কাঞ্চনা গত দেড়ঘণ্টার অভ্যস্ত ভঙ্গিতেই বলে, 'সত্যি বলছি বড়োবাবু, আমি জানি না। জানলে কি আর রাস্তায় ভিক্ষে করি!' বড়োবাবু মিনিটখানেক ভালো করে দেখে নিয়ে বলেন, 'আচ্ছা রাত না হওয়া পর্যন্ত এখানেই থাক। তারপর চলে যাস।'

রাত ক'টা ঠিক বোঝা যাচ্ছে না। এ ঘরে কোনো ঘড়ি নেই। কাঞ্চনা ক্রমাগত নিজের একমাত্র ব্লাউজটাকে বারবার করে দেখছে। সেলাই না করলে আর পরা যাবে না। টুয়াকে দিয়ে হিসেব করিয়ে দেখেছে টাকা খোয়া যায়নি। ছাব্বিশ টাকা। রাতে একটা সুচের ব্যবস্থা করতে হবে। চায়ে একচুমুক দিয়ে বুড়িকে প্রশ্ন করে, 'তোমার কাছে সুচ আছে গো?'

—কেন রে?

—ব্লাউজটা একদম ছিঁড়ে গেছে। আর পরা যাবে না। দাও না! কাল এদিকে এলে দিয়ে যাব।

বুড়ি তার ঝোলা হাতড়িয়ে একটা সুচ সমেত সুতোর অর্ধেক রিল বের করে দেয়।

—ক'টা দিন এদিকটায় আসিস না। বারাসাত নাইনে কাজ কর। যা আজ বাড়ি যা, আর রাত করিস না।

কাঞ্চনা সুতোর রিলটা ব্যাগে ঢোকাতে ঢোকাতে উঠে পড়ে। চারে ডাউন ঢুকছে।

—হ্যাঁ চলি বুড়ি-মা। দেখি এই ট্রেনে যদি গোটা পনেরো টাকার কাজ করা যায়! মুদি দোকানের বাকি পঁয়ত্রিশ টাকা আজ দিতেই হবে।

শান্তিরামের চা

— শান্তিদা, ক-টা চা হল?

— দুটো। স্লিপ দিইনি?

— আরে স্লিপ লাগবে না, তোমার খাতায় তুলে রেখো!

— ওরে খাতা বলে অপমান করিস না রে, বল 'ল্যাপি'তে তুলে রাখো!

সুভদ্র, শান্তিকে শুনিয়ে শুনিয়ে, কল্যাণকে কথাটা বলে। শান্তি কোনো উত্তর করে না, হাতের কাজ সারতে সারতে শুধু হালকা হাসে। দ্বিতীয়বারের জন্য সে চা মেশিনে জল, আলাদা জায়গায় দুধ ঢেলে নেয়। শুগার প্যাকগুলো ট্রেতে সাজায়। বাক্স হাতড়ে দেখে টি-ব্যাগ আর ক-টা আছে। মাস তিনেক হল দোকানটা খুলেছে শান্তি। এ চত্বরে এমন দোকান আর নেই। ব্র্যান্ডেড চা, বিস্কুট, কেকও ব্র্যান্ডেড। দাম একটু বেশি, কিন্তু যাকে বলে একদম 'হাইজেনিক'। ফলে সুভদ্র, কল্যাণের মতো আজকালকার স্বাস্থ্য-সচেতন মানুষ তার রেগুলার কাস্টোমার। এর আগেও একটা দোকান চালাত ও, আদ্দিকালের টাইপের। কোম্পানির কিছু সেলসবয় এসে বেশ করে বুঝিয়ে তবেই তাকে কনভিন্স্ করেছে। যদিও একটা ঝাঁ চকচকে দোকানের সাধ, শান্তিরও ছিল বহুদিনের। তার উপর কোম্পানির কথা মতন কমিশনটাও বেশ মোটা। মাসে দশ হাজার টাকার টার্গেটে দু'হাজার কমিশন। তারপর কোনো কোনো প্রোডাক্টে কমিশনটা আরো একটু বেশি। আবার চাইলে কোম্পানির বেঁধে দেওয়া দামের উপরও পঁচিশ পয়সা এক্সট্রা দাম চাপাতে পারবে ও নিজে। ব্যাপারটা শান্তির কাছে বেশ লোভনীয়ই মনে হয়েছিল। মাস গেলে এমন অন্তত হাজার পাঁচেক এলেই কাফি। তিনজনের সংসার, আর কতই বা বেশি লাগবে। আস্তে আস্তে আরো কিছু ক্যাশ জমিয়ে ফেলতে পারলে বিজনেস একটু বড়ো করা যাবে! কোম্পানি নাকি বেশ কিছু নতুন প্রোডাক্ট আনছে মার্কেটে। আর কদিন পর থেকে কোল্ড ড্রিঙ্কস্টাও বেচতে পারবে বলে মনে হয়। যদিও এ অঞ্চলটা খাস কলকাতার কোনো অফিস পাড়া নয়, কাছে-পিঠে বড়লোকি মার্কা কলেজ-টলেজও নেই, তবু... আস্তে আস্তে এসব পণ্য ব্যবহারের অভ্যাস করে ফেলেছে এ এলাকার মানুষেরা। শান্তিও পালটেছে নিজেকে একটু একটু করে। মাধ্যমিকের পর আর পড়তে পারেনি। বাবা কারখানার চাকরিটা করতে করতেই চলে গেল। অনেক

ধরা-করা করে রাস্তার ধারের ফুটপাতে চায়ের দোকানটা করল শান্তি। কেটে গেল পনেরোটা বছর। বয়স ত্রিশ পেরোতে না পেরোতেই মা জোর করে বিয়েটাও দিয়ে দিলো। বছর ঘুরতে না ঘুরতেই অর্ঘ্য এল। তার মাস তিন পর হঠাৎ মাও চলে গেল। এরপর তিনজনের গোছানো সংসার। অনিতার খুব সখ ছেলেকে ইংরেজি স্কুলে পড়াবে। শান্তিও আপত্তি করে না। ইংরেজিটা জানা থাকলে আজকাল চাকরি-বাকরি সহজেই পাওয়া যায়!

অনিতা বাড়িতেই ব্লাউজ সেলাই করা শুরু করে। ডজনে ছ'টাকা। পোস্টঅফিসে জমায়, ইংরেজি স্কুলের খরচ তো কম নয়! তাছাড়া শুধু তো স্কুল নয়, এরপরও তো একটা ভবিষ্যৎ আছে ছেলেটার! বাংলা মিডিয়ামে পড়ালে হয়তো খরচটা কম হত, কিন্তু নিজের নামের বানানটা শিখতেই ক্লাস ফাইভ পাশ করে যাবে! অঙ্ক-বিজ্ঞানটাও ঠিক মতন করায় না। কী পাশ কী ফেল— সবই সমান! ইংরেজি স্কুলের কথা শুনে যদিও কেউ কেউ দু-একটা বাঁকা কথা শোনাতে ছাড়ে না।

— হ্যাঁ তোরই একটা ছেলে হয়েছে! আমাদের তো আর হয়নি! সব ওই বাংলা ইস্কুলে পড়েই মানুষ হয়ে গেল রে, আর ওনার ইংরেজি ইস্কুল! মাসে কত রোজগার করিস যে মাস গেলে ইস্কুলে তিন হাজার করে মাইনে গুনবি?

ভূতোদা তাসের পিঠটা গুছোতে গুছোতে, কথাটা বলে। প্রহ্লাদও ফোস করে ওঠে সময় মতন—

— কেন, ওই বাংলা স্কুলে পড়ে কি আমাদের ছেলেপুলেরা সব বখে গেছে?

শান্তি উত্তর দেয় না। কথাগুলো তো মিথ্যে নয়। কিন্তু ইংরেজিটা জানা থাকলে....। তাই জীবনটা পালটে ফেলল অনেকটা। এমনকী কোম্পানির কথায় বাকির খাতাটাকেও ল্যাপটপে বদলে নিয়েছে। কোম্পানির সাথে সরাসরি যোগাযোগ থাকে। ওরা বাকির হিসেবটাও দেখে, তবে কোনো আপত্তি করে না। মাসে একবার করে মনে করিয়ে দেয়। যদিও বিষয়টা এখনও সড়োগড়ো হয়নি শান্তির। মাঝে মধ্যেই ঝামেলায় পড়ে। একে ওকে ডেকে এনে সমাধান করায়। এই তো সেদিন একটা ছেলে হন্তদন্ত হয়ে এসে উপস্থিত। 'স্যার, এবার একটা মোবাইল নিন, অফ্।'

— কেন কী হল?

— আরে কী হয়েছে মানে? দাদা আমি চাকরি করে খাই, চাকরিটা চলে গেলে...

— কেন, চাকরি যাবার আবার কী হল?

একটু হাসে শান্তি, এই ছোকরাগুলো অহেতুকই চেঁচামেচি করে। একবার শুধু মাত্র তিনটে শুগার প্যাক হারিয়ে যাওয়ায় এক ছোকরা হাতে পায়ে ধরে কান্না, '— দাদা, আপনি প্লিজ কমপ্লেন করবেন না। আমার চাকরি-টা...'

শান্তি মজা পায়। 'এত ভয় থাকলে চাকরি করো কেন ? হাতে চুড়ি, কানে দুল পরলেই পারো।' শুধু ছেলেটাকে শান্ত করতে বলে, 'ও তিনটের দাম না হয় আমি দিয়ে দেবো! তোমার কিছু হবে না। চা খাবে ?'

আজও ছেলেটাকে দেখে শান্তির হাসিই পায়। এক কাপ চা এগিয়ে দেয়। চা-টা হাতে নিয়েই আবার শুরু করে ছেলেটি।

— তিন দিন ধরে কোম্পানি আপনাকে মেল পাঠাচ্ছে, তার একটা উত্তর তো দিতে হয়!

শান্তি একটু অবাক হয়।

—কেন আমার বাড়ির ফোন নম্বরটা নেই আপনাদের কাছে?

—দাদা, ফোন নয়, ইমেল। এমাসের বাকির হিসেবটা আপনাকে আপ-টু-ডেট করা হয়েছিল। আজ কালেকশনের শেষ দিন, অথচ আপনি...

—দেখুন বাকির ব্যাপারটা আমি বুঝে নেব। আপনাদের পেমেন্ট পেলেই তো হলো!

ছেলেটা এবার একটু দমে যায়।

— না না, দাদা, আপনি ঠিক বুঝতে পারছেন না, আদায় তো আপনিই করবেন, কিন্তু কোম্পানির তো একটা দায়িত্ব আছে।

—হ্যাঁ তা তো আছেই।

শান্তি তর্কটা এখানেই ছেড়ে দেয়। ছেলেটার কাছে চাপা থাকাটাই ভালো যে, সে মেল চেক করাটা এখনও জানে না। কল্যাণ কম্পিউটারে একটা লাইন টানা কাগজ বানিয়ে দিয়েছে তাকে, ওখানেই বাকির হিসেব রাখে শান্তি। খাতায় লিখে রেখে রেখে ওইটুকুই শিখে নিয়েছে শান্তি। মাঝে মাঝে কল্যাণকেই তোষামোদ করে হিসেবটা কোম্পানিতে পাঠিয়ে দিতে, এটা এখনো শেখা হয়ে ওঠেনি শান্তির। কল্যাণ রোজই আজ দিচ্ছি, কাল দিচ্ছি করে আর শেখাচ্ছেনা। দেখা যাক যদি অন্য কাউকে ধরে...

২

হাত-পা ধুয়ে, দাওয়াতেই পা ছড়িয়ে বসে শান্তি। অনিতা হাতের কাজ থামিয়ে এক গ্লাস জল রেখে যায় ওর পাশে। শান্তি গামছায় মুখ মুছে রোজগির পাহাড় গুনতে বসে। হিসেবটা করে ফেলতে হবে চটপট। কাল সকালে কোম্পানির অ্যাকাউন্টে টাকাটা জমা দিতেই হবে। বাইরের আলোটা কম। ভেতরে ছেলের মাস্টার এসেছে। আর মেঝেতে অনিতার ব্লাউজের ঢের। যদিও মাস্টার এক্ষুনি চলে যাবে, তবু শান্তি আরও কিছুক্ষণ বাইরেই বসে থাকবে। ছোট্ট নোট বই-এ হিসেব টুকবে। আরও একবার সারা মাসের হিসেবটা মিলিয়ে নেবে, কোথাও কোনো ভুল থেকে গেল কিনা! মাস্টার চলে যাওয়ার পরও অর্ঘ্যর পড়াগুলোতে একবার চোখ বোলায় অনিতা, বাকি কোনো পড়া পড়ে রইল কিনা! এই সময়টুকু শান্তির ঘরে ঢোকা নিষেধ। অনিতার কথামতো, তাকে দেখলেই ছেলের

নাকি আরেকটা লেজ গজায়। এরপর ছেলেটা আর পারে না, কখনো কখনো না খেয়েই ঘুমিয়ে পড়ে। আবার সকালবেলা অনিতা ঠেলে তুলে দেয় ছেলেটাকে। স্কুলে বেরোবার আগে আবার এক প্রস্থ চোখ বুলিয়ে নেওয়া। শান্তি ছেলেটাকে পড়া থেকে তুলে খানিক আদর করে। ওর কোলেই ঘুমিয়ে পড়ে ছেলেটা। শান্তিই ওকে আবার ঘুম থেকে তুলে খাওয়ায়, বায়না শোনে, আশ্বাস দেয়। ছুটির দিনগুলোর প্রচুর হোমওয়ার্কের ফাঁকে ক্রিকেট বা ফুটবল খেলে, সাইকেল চালায় দুজনে।

আজও ছেলেটা দেড়খানা রুটি খেতে খেতেই ওয়াক্‌ তোলে, — 'আর খাব না বাপি!' বলে মেঝেতেই লুটিয়ে পড়ে। শান্তিও জোর করে না। অনিতা হেম করতে করতে আড় চোখে শুধু তাকায়। ছেলেকে কোলে করে মুখ ধুইয়ে, বিছানায় শুইয়ে, মশারি গুঁজে দেয় শান্তি। খাটের তলা থেকে মশার ধূপটা টেনে নিয়ে এসে নিভিয়ে নিচু স্বরে বলে

— বন্ধ ঘরে এসব জ্বালাও কেন? জানো না বাচ্চাদের এতে কত ক্ষতি হয়?

অনিতা কোনো উত্তর করে না। এক মনে হেম করে যায়। শান্তি আস্তে টিভিটা চালায়। প্রায় সমস্ত খবরের চ্যানেলগুলো একবার করে ঘুরে আসে।

—কাল ছেলের স্কুলের মাইনে দিতে হবে।

অনিতা মনে করিয়ে দেয় শান্তিকে। শান্তি উত্তর দেয় না।

—কী হলো, শুনতে পেলে?

হাতের কাজ এবার গুছিয়ে ফেলে অনিতা। এবার খেয়ে নেবে। শান্তি একটু অন্যমনস্ক হয়ে উত্তর দেয়—

— পরশু দিলে হয় না!

—এক হপ্তা পার হয়ে গেছে লাস্ট ডেটের। ওদের স্কুলের অফিস থেকে নোট পাঠিয়েছে আজ।

টিভির ঢাকনার তলা থেকে একটা হলুদ রঙের ভাজ করা কাগজ ছুড়ে দেয় অনিতা। কাগজখানা ডান হাতে তুলে নিয়ে একবার চোখ বুলিয়ে, শান্তি আলগোছে নাড়াচাড়া করে আঙুলগুলোর মধ্যে।

—কোম্পানিতে কাল দেড় হাজার জমা দিতেই হবে। বড়ো তাড়া লাগাচ্ছে।

অনিতা সাড়া দেয় না। রান্নাঘর থেকে বাসন নামাবার শব্দ আসে। শান্তি মেঝেতে আসন বিছিয়ে বসে পড়ে। ডাল, ভাত আর পাপড় ভাজা সমেত থালাটা শান্তির সামনে নামিয়ে দেয় অনিতা। দুজনেই নিঃশব্দে খেয়ে চলে কিছুক্ষণ।

—কাল কিন্তু মাইনেটা না দিতে পারলে খুব খারাপ হয়ে যাবে। স্কুল থেকে না নাম কাটিয়ে দেয়!

—কালকের দিনটা একটু ম্যানেজ করতে পারলে...

—স্কুল তো আর তোমার বিয়ে করা বউ নয় যে...

শান্তি চুপ করে যায়। বিড়বিড় করে অনিতা আরো কিছু একটা বলে। শান্তি শুনতে পায় না। গত এক সপ্তাহ ধরে অনিতা দুবেলা করে শান্তিকে বলে যাচ্ছে, কিন্তু...। তিন হাজার টাকা জোগাড় করাও...। এ সপ্তাহে মার্কেটও খুব খারাপ গেছে। যদি কাল কিছু একটা হয়।

—তোমার পোস্টাপিসে কত আছে?

শান্তি এক গ্রাস ভাত তুলে প্রশ্ন করে অনিতাকে। অনিতার খাওয়া থেমে যায়।

—হ্যাঁ, এখন ওটার দিকে তোমার চোখ পড়েছে না! এবার এটাও খেতে হবে?

—আরে, চোখ পড়ার কী আছে? আমি কাল হাজার-বারোশো দিচ্ছি, বাকিটা তুলে দিয়ে দাও, আমি সামনের সপ্তাহে তোমাকে দিয়ে দেবো!

অনিতা সন্তুষ্ট হয় না শান্তির কথাতে।

—আচ্ছা, সারা বছরের ওর স্কুল ড্রেস আমি তো ওই টাকাতেই কিনে দিই, তোমার কাছে তো চাই না। আর তিন মাসে তুমি তোমার ছেলের মাইনেটা পর্যন্ত দিতে পারবে না! আমি ও টাকাতে হাত দিতে দেবো না।

—আরে বলছি তো, আমি সামনের সপ্তাহেই দিয়ে দেবো। স্কুলের মাইনাটা যখন...

—কী গ্যারান্টি আছে যে তুমি সামনের সপ্তাহেই বড়োলোক হয়ে যাবে!

শান্তির কাছে এর কোনো উত্তর নেই। অনিতা খাওয়া শেষ করে এঁটো থালা তুলতে তুলতে বলে যায়

—আমি শুধু একটাই কথা বলব, যদি ওর স্কুল যাওয়াটা বন্ধ হয়ে যায় তার জন্য তুমি দায়ী থাকবে। স্কুল থেকে আর একদিনের সময় দিয়েছে।

থালার আনাচে-কানাচে পড়ে থাকা ভাত জড়ো করে শান্তি একটা ছোট্ট গ্রাস তৈরি করে। অনিতা প্রবল বেগে গারগল্ করছে বাথরুমে, মুখের সমস্ত জীবাণু সাফ করবার জন্য।

—স্যার, সুব্রত বক্সীর সাথে একটু দেখা করা যাবে?

ডেস্কের ওপারের অবাঙালি ছেলেটা কাগজ থেকে একবার মুখ তুলে তাকিয়ে, আবার কপালে লম্বা সিঁদুরের টিকা সমেত মাথাটা নামিয়ে নিয়ে উত্তর দেয়—

— নাম বোলেন?

—শান্তিরাম পাত্র। অনিতা টি স্টল।

ছেলেটা ফোন তুলে নেয়, নাম জানায় ও প্রান্তে, তারপর নির্দেশ দেয়—

— যান, অন্দর যান।

সুব্রত বক্সী মোবাইল কানে গুঁজে চুপচাপ বসে আছে। ইশারায়

চেয়ার নির্দেশ করে শান্তিকে, ও প্রান্তের কথাগুলো একমনে শুনে শুধু উত্তর দেয়—

—ঠিক আছে, কাল টোটাল এরিয়া রিপোর্টটা সকালের মধ্যে পাঠিয়ে দিয়ো।

বছর চল্লিশের সুব্রত বক্সী। ডান দিকে সিঁথে কাটা পরিপাটি চুল, পরিষ্কার করে কামানো মুখে কালো আয়তাকার মোটা ফ্রেমের চশমা সুব্রত-র। নরম ঝাড়ুর মত পুরু গোঁফে উপরের কালচে ঠোঁটটা ঢাকা পড়ে থাকে। হাত তুলে শান্তিকে বসতে বলবার সময় ওর বাঁ হাতে বিভিন্ন ধরনের পাথরের আংটিগুলো ঝলমল করে ওঠে। শান্তভাবে ফোনটা কান থেকে নামিয়ে রেখেই, শান্তির দিকে তাকিয়ে অভ্যাসবশত মুচকি হাসে—

—বলুন দাদা, ব্যবসা কেমন চলছে?

—আর কোথায় চলছে! নুন আনতেই পান্তা হাওয়া!

—হ্যাঁ, বাজার দর যা হাই! আপনি আজ পেমেন্টটা করে দিয়েছেন?

—হ্যাঁ, সেটা করেই তো এলাম।

—কিন্তু, আপনার টার্গেটি সব মাসে ফুলফিল হচ্ছে না, কী ব্যাপার বলুন তো?

—আমার ব্যবসা তো পাড়ার গলির মোড়ে, মেন রাস্তায় যেতে হয় আরও একটা গলি পেড়িয়ে, খদ্দের কম, আবার ওরকম দোকান দেখে অনেকেই ভয় পায় যে, দাম বোধহয় হেবি! তবু স্কুলে যাবার পথে কেকটা বিস্কুটটা কিছু বিক্রি হয়, তাতেই আপনাদের পেমেন্টগুলো দিতে পারি।

—গুড। এক কাজ করুন, আপনি কিছু বিজ্ঞাপন করুন, আমরা আমাদের লোগো ব্যবহারের পারমিশন্ করিয়ে দেবো। কিছু ফ্লেক্স, লিফলেট ইত্যাদি করে ছড়িয়ে দিন। আমি বলছি বেশ রেসপন্স পাবেন কিন্তু।

—আর দাদা বিজ্ঞাপন! মাল তোলার পয়সাই পাই না, আপনাদের পেমেন্ট আটকে যায়, ছেলেটার স্কুলের ফিস দিতে পারিনি এখনো।

—ছেলে কীসে উঠল? জুবিলিতে পড়ে না!

—হ্যাঁ! এবার থি হবে।

—বাহ্।

—আপনাদের ছেলেরা বলল, আপনারা নাকি আরো কিছু নতুন প্রোডাক্ট আনছেন, কমিশনটাও নাকি একটু...

—হ্যাঁ। কিছুদিনের মধ্যেই নেমে যাবে।

—কোল্ড ড্রিঙ্কসটা বেচতে পারা যাবে এবার? আমার এলাকায় বেশ ডিমান্ড আছে। আজকাল ছোটো ছোটো পানের দোকানগুলোও বাইরে ফ্রিজ রেখে মাল তুলছে!

—কোল্ড ডিঙ্কস্ পারবেন কিনা জানি না! তবে—

—তবে?

শান্তি, একটু সামনের দিকে ঝুঁকে এসে বসে।

—তবে, আমাদের কোম্পানি একটা বিয়ার বের করবে রিসেন্টলি, রাখতে পারবেন। কমিশনটাও বেশি, প্রায় ফরটি-ফাইভ পার্সেন্ট!

—বিয়ার! মানে মদ। কী বলেন দাদা, পাড়ার মধ্যে মদের দোকান খুলবো!

—আরে, বিয়ার মানে মদ নয়, ওতে অ্যালকোহল কনটেন্ট একদম থাকে না বললেই চলে! তাছাড়া গভর্নমেন্ট তো সমস্ত দোকানে বিয়ার রাখা লিগাল করে দিয়েছে। কোনো প্রবলেম হবে না।

—না, না। ও পারব না। আগেও ছোট্ট দোকান চালাতাম, অনেকেই বলছে 'প্যাকেট' রাখতে। বিক্রিও হয়তো হত, বাসের কন্ডাক্টর, রিক্সাওয়ালাদের জন্য, কিন্তু পারিনি। বাড়িতে কেউ কোনোদিন ওসব ছুঁয়েও দেখেনি।

—দেখুন, ওসব ভুলে যান। তাছাড়া আগে আপনি হকার ছিলেন, এখন আপনি রিটেলার। আপার স্টেটাস... আর বিয়ার রাখলেই যে আপনাকে খেতে হবে একথা কে বলল।

—হ্যাঁ, তা হয়তো ছিলাম হকার... দাদারের প্রতিদিন এক টাকা দক্ষিণা দিয়ে... তবে সম্মান ছিল! আজ বিয়ার বিক্রি করলে...! তাছাড়া পাড়ার ক্লাবও ঝামেলা করতে পারে।

—করলে তখন দেখা যাবে। একটা কথা মনে রাখবেন শান্তিবাবু, আপনার উপর কোনো হামলা মানে সেটা আমাদের উপর হয়েছে বলে ধরা হবে। আপনার সমস্তরকম সিকিউরিটি আমাদের।

৩

৮নং ব্রিজের উপর আকাশে সদ্য শীতের মেঘগুলো সূর্যের লালচে আলো মেখে স্থির ভাবে দাঁড়িয়ে আছে। বিকেলের এরকম মেঘ দেখতে শান্তির বেশ লাগে। ছেলেবেলায় মাঠে ফিল্ডিং দেওয়ার সময় মেঘগুলোর গঠন কোনো পরিচিত বস্তুর সাথে মিলিয়ে নেবার খেলায় তন্ময় হয়ে থাকতে থাকতে কতবার পায়ের তলা দিয়ে বল গেছে। আজকের জমা মেঘগুলোর উপর দিয়ে যেন ভারী ট্রাক চলে গেছে। তারপর শান্ত, বড়ো শান্ত উপত্যকা। আকাশ থেকে চোখ নামায় শান্তি। ওপাশ থেকে হুহু করে গাড়িগুলো চলে যাচ্ছে বাইপাসের দিকে। ক্রসিং পেরিয়ে বাড়ির গলিতে ঢুকে পড়ে শান্তি। আর মাত্র দেড়খানা পাক খেলেই নিজের ছোট্ট চায়ের দোকান। সুব্রতর সাথে দেখা হওয়ার পর থেকে আর ওটাকে চায়ের দোকান ভাবতে পারছেনা, বেশ স্টেশনারি বা মোড়কে মোড়া বিয়ারের দোকান... ঠিক পার্ক স্ট্রিট বা সাউথ কলকাতায় যেমন হয় ওলিতে গলিতে! সে যাই হোক কমিশনটা তো বাড়বে!

দূর থেকেই হলুদ ইজেলে নীল রঙের লেখা 'অনিমা টি-স্টল' পরিষ্কার দেখা যাচ্ছে। মফস্সলের গলিতে সবে বিকেল নেমেছে। বয়স্কদের দু'একজন দুধ ডিপোর দিকে। বাচ্চারা পিঠে ব্যাগ ঝুলিয়ে একদল কোচিং-

মুখো, একদল স্কুল ফিরতি। আর দু-একটা বাঁদর শান্তির দোকানের সামনে পড়ে থাকা কিছু একটা নিয়ে মহা উৎসাহে হট্টগোল বাঁধিয়েছে। ভিড়টার মধ্যে থেকেই এক মহিলার তারস্বরে চিৎকারও শোনা যাচ্ছে। বিকেলে এ জায়গায় পাথর দিয়ে দাগ কেটে বাঘবন্দি খেলে বাচ্চাগুলো। শান্তি তাড়া লাগালে তবেই সন্ধেবেলা ওরা বিদেয় হয়। তবে আজ কোনো খেলা হচ্ছেনা বলেই মনে হয়। অন্যরকম কিছু একটা হয়েছে! খানিক কাছে আসতেই রাস্তার মধ্যেই শুয়ে পড়া দুজোড়া পা দেখতে পায় শান্তি। পা দুটোর গোড়ালি ফেঁটে চৌচির আর তাতে জন্মের ময়লা জমে কালো হয়ে আছে। রবারের জুতো দুটোর এক পাটি ওপারের নর্দমায় গিয়ে পড়েছে আর অন্যটা পাওয়া যাচ্ছেনা। বাঁদরগুলো সেটাই মহা উৎসাহে খুঁজছে। একজন কালোপানা বয়স্ক মহিলা পড়ে থাকা লোকটাকে টেনে হিঁচড়ে তুলতে তুলতে অকথ্য গালাগাল করে চলেছে। এতক্ষণে লোকটাকে দেখতে পায় শান্তি। বিনা যত্নে খাড়া হয়ে আছে চুলগুলো, সমস্ত শরীরময় ধুলো। গায়ে পরে থাকা জামাটার রং কী, তা বোঝা যায় না, কিংবা কী ছিল তা ভাবাও দুষ্কর। কোমরের কাছে একটা শতছিন্ন শাল বাঁধা। লোকটিও মহিলাটিকে জড়ানো গলায় খিস্তি করছে। ব্যাপারখানা বুঝে উঠতে দেরি হয় না শান্তির। মহিলাটি হাত ধরে টান দিতেই লোকটি তাকে এক ঝটকায় ঠেলে ফেলে দিয়ে, উঠে দাঁড়াবার চেষ্টা করে একবার ব্যর্থভাবে। আবার মুখ থুবড়ে পড়ে যায়। মহিলাটি নিজেকে খানিক সামলে নিয়ে বেশ কয়েকটা কিল-ঘুসি বসিয়ে দিতে থাকে লোকটির ঘাড়ে পিঠে। লোকটি কোনো প্রতিক্রিয়া জানায় না। হঠাৎ ঝাঁকুনি দিয়ে লোকটির পিঠ থেকে সমস্ত শরীরে এক প্রবল ঢেউ খেলে গেল। আর মুখ থেকে বেরোনো বিকট গন্ধযুক্ত বমিতে শান্তির দোকানের একেবারে সামনেটা ভরে যায়। শান্তি আর নিজেকে সামলাতে পারে না, সজোরে এক লাথি কষিয়ে দেয় লোকটার পিঠের উপর।

— শালা, মাতলামি করবার আর জায়গা পায় না !

পরিস্থিতি যে ক্রমশ তার বিপরীতমুখী, তা বুঝে লোকটি এবার উঠে দাঁড়াবার চেষ্টা করে। দু'একবার টলমল করেও, দাঁড়িয়ে পড়ে অন্য দিকে হাঁটতে শুরু করে লোকটি। ওর কিছুটা আগে মহিলাটি ড্রেনে পড়ে যাওয়া জুতোটা কলে ধুয়ে নিচ্ছে। শান্তি চিৎকার করে ওঠে রাগে — 'এই শালাগুলো, এটা কে পরিষ্কার করবে?' পড়ে থাকা বমিটা দেখিয়ে জিজ্ঞেস করে। মহিলা কথাটা শুনল কিনা বোঝা গেল না। জুতোটা ধুয়েই জোর হেঁটে গলির মুখে হারিয়ে গেল। রাগে শান্তির সমস্ত শরীর থরথর করে কাঁপতে থাকে। পকেট থেকে দোকানের চাবিগুলো বের করে দোকানটা খোলে। কল থেকে বালতি করে জল এনে ঢালতে থাকে বমির উপর। ঘন হলুদ স্তরগুলো জলের তোড়ে খানিক ইতস্তত হতেই প্রবল দুর্গন্ধটা আবার শান্তির নাকে এসে ধাক্কা মারে। শরীরের ভেতরে সমস্তটা গুলিয়ে ওঠে। নাকে হাত চাপা দিয়েই ঝাঁটা চালায় শান্তি। বড়ো দীর্ঘ মনে হয় সময়টা। একদিক পরিষ্কার করতে না করতেই, যেন হাজার হাজার মাতাল রাশি রাশি বমি করে দিয়ে যাচ্ছে তার দোকানটারই

সামনে।

4

পায়ের নিচে জড়ো করে রাখা চাদরটা গায়ে টেনে নেয় শান্তি। পাশে ছেলেটা ঘুমে কাদা। ও পাশে অনিতা পাশ ফিরে শুয়ে আছে। ঘরের এই নিরবচ্ছিন্ন অন্ধকারেও বোঝা যায় অর্ঘ্য ছাড়া বাকিরা কেউ ঘুমায়নি। কিন্তু প্রবলভাবে ঘুমোতে চেষ্টা করছে। অনিতা হঠাৎ পাশ ফিরে শোয়। শান্তির ঘন চুলের মধ্যে দিয়ে আলতোভাবে আঙুল চালায় অনিতা। শান্তি কোনো সাড়া দেয় না।

—ঘুমিয়ে পড়লে?

ফিসফিস করে কথা বলে অনিতা।

—হুঁ।

—হুঁ, মানে। শোনো না! আঃ! ফেরো না এদিকে।

শান্তি পাশ ফিরতে ফিরতে উত্তর দেয়

—কী হলো, ঘুমোতে দাও না!

—তুমি যে ঘুমোচ্ছনা তা আমি জানি।

শান্তি কোনো কথা বলে না। অনিতার আঙুলগুলো এবার শান্তির বুকের উপর ঘোরাফেরা শুরু করে। শান্তি একটা অদ্ভুত আরাম পায়। নিঃশ্বাস ঘন হয়ে আসে।

—তুমি কি সত্যিই দোকানটা তুলে দেবে?

—হ্যাঁ। সন্ধেবেলাতেই তো বললাম।

—তারপর চলবে কেমন করে?

—আগে যেমন চলত।

—ছেলের খরচ, তাছাড়া এই বাজারে সংসার খরচ... সব চলবে কেমন করে!

—এর আগেও তো চালাতাম।

—ছেলের স্কুলের মাইনে তো আগে এতো ছিল না!

—দরকার হলে বাংলা মিডিয়াম স্কুলে ভর্তি করে দেবো। আরও তো সবাই পড়ে...

শান্তি আবার পাশ ফিরতে যায়, অনিতা ওর হাতটা খামচে ধরে।

—লাগছে ছাড়ো।

—আর একবার ভেবে দেখো.... তুমিই তো বললে বিয়ার ঠিক মদ নয়...

—ঠিক মদ নয় কিন্তু মদের মতোই। না না, ছেলে বড়ো হচ্ছে। ওকে কী শেখাব? ভাবো তো যখন ছেলে বড়ো হবে, যদি ওসব খেয়ে ঘরে এসে বলে –'মা বিয়ার খেয়েছি, আরে বিয়ার তো মদ নয়'... তারপর সারারাত যদি বমি করে, তখন সেই বমি ....

কথাটা বলতে বলতেই শান্তির নাকের উপর বিকেলের সেই বমির গন্ধটা এসে ধাক্কা মারে ।

—আজ লেবু চা খাও, কাল থেকে দুধের ব্যবস্থা করে দেবো ! প্লাস্টিকের কাপে বিট নুন আর আম-আদার গুঁড়ো মশলাটা ঢালতে ঢালতে সুভদ্রকে কথাটা বলে শান্তি। সন্ধেবেলা অফিস ফিরতি পথে শান্তির দোকানের সামনে এসে ঝাঁপ বন্ধ দেখে ফিরে যাচ্ছিল ও। শান্তিই দেখতে পেয়ে ওকে ডাকে রাস্তার ওপার থেকে। দোকান থেকে শুধু বেঞ্চিটা বার করে নিয়েছে। ওটা ওরই বানানো। চা-টা হাতে নিয়ে সুভদ্র জানতে চায়

— দোকান হঠাৎ তুলে দিলে শান্তিদা ?

—দিলাম ! কুত্তার পেটে আর কদিন ঘি সহ্য হয় বলো ! ফিক করে হাসে শান্তি।

—কল্যাণ, এখানে! এসো !

কল্যাণও দোকান অন্ধকার দেখে, সোজা ঘর-মুখো হাঁটছে। শান্তিই লক্ষ করে ডাকে।

—আরে, আজ বাইরে? আমি তো দোকান বন্ধ দেখে চলেই যাচ্ছিলাম।

—এবার থেকে আবার এখানেই পাবে ভাই ।

—কেন ?

—ও দোকান তুলে দিলাম।

কল্যাণও একটু অবাক হয়। পাশ থেকে সুভদ্র টিপ্পনি কাটে—

—তবে তুই বাঁচলি, আর রোজ রোজ শান্তিদার তাড়া খেতে হবে না !

কল্যাণ এতক্ষন সুভদ্রকে লক্ষই করেনি। গলা শুনে পিছন ফেরে—

—তুই এসে গেছিস?

—হ্যাঁ !

—কটার ট্রেনে ফিরলি?

—ছটা-বাহান্ন।

—আমি পরেরটায়।

—তা, শান্তিদা ল্যাপিটার কী করবে? বেচবে নাকি?

কল্যাণ জানতে চায়।

—না। বাবুদের জিনিস, বাবুদেরই দিয়ে দেবো।

আরেক কাপ চা বানাতে বানাতে উত্তর দেয় শান্তি।

—আজ কিন্তু দুধ হবে না ভাই, মশলা-লেবু। কাল থেকে দুধ।

চায়ের কাপটা হাতে ধরিয়ে দেয় শান্তি। কল্যাণ বেঞ্চিতে বসে পড়ে।

—তোমরা এখানে একটু বসো। আমি সামনের দোকানগুলো একটু ঘুরে আসছি।

সাইকেলের স্ট্যান্ডটা তুলে নিয়ে, চায়ের কন্টেনারটা ঝুলিয়ে, হাঁক দিতে দিতে সামনের মোড়ের দিকে এগিয়ে যায় শান্তি

— চা, লেবু চা, শান্তিরামের স্পেশাল লেবু চা... বলবেন।

শহিদবেদি

সুবোধের সমস্ত শরীরে ভূমিকম্পের একটা তরঙ্গ খেলে যায়! ডান হাতে ধ'রে থাকা গরম চা চলকে পায়জামায় পড়ে গেল

—উফ্!

সুবোধ গোঙিয়ে ওঠে। উজ্জ্বলা ঘর থেকে বেরোতে গিয়েও দাঁড়িয়ে পড়ে।

—কী হল?

—কিছু না! চা-টা চলকে পড়ল পায়ে।

সুবোধ দ্রুত নিজেকে সামলে নেয়। পেপারটা উলটে রাখে টেবিলের ওপর।

—ডাক্তারটা এবার দেখাও। মনে হয় তোমারও আবার নার্ভের ব্যামো ধরেছে। কী হাত কাঁপে আজকাল, আর সিগারেটটা ছাড়ো দয়া করে।

—হুম। ভাবছি এবার ছেড়েই দেবো।

—ভেবেই মরো। বিরক্ত হয়ে উজ্জ্বলা রান্নাঘরের দিকে চলে যায়। সকালের এ সময় উজ্জ্বলা মহা ব্যস্ত। কণা কলেজে বেরোবে। দুটো ডাল-ভাত এখনও তাকেই ফোটাতে হয়। পেনশনভোগী সুবোধ এখনও কোনো রাঁধুনি রাখবার বিলাসিতা দেখাতে পারেনি। সুবোধ সকালবেলা পেপারটার সমস্ত শরীরে চোখ বুলিয়ে তারপর বাজারে বেরোয় প্রয়োজন মতন।

আজকাল বেশ বেলা করেই বাজারে যাবার অভ্যাস করেছে সে। খানিক সাশ্রয় হয়। হাটুরেরা আপ হাসনাবাদ বা বনগাঁও লোকাল ধরার তাড়ায় কম দামে মাল ছেড়ে দেয় সে সময়।

আজ আর পেপারের ফ্রন্ট পেজটা দেখে না সুবোধ। লাস্ট পেজে সানিয়া মির্জার হাঁটুর ব্যথার খবর পড়ে। নিচের দিকে বিরাট করে ফ্ল্যাটের ছবি সহ বিজ্ঞাপন। 'কলকাতা শহরেই এখন এক টুকরো শান্তিনিকেতন!' এ বাড়িটাও সে বানিয়েছে তা প্রায় আঠারো বছর হয়ে গেল। অরিন্দম তখন এগারো। কণা মাত্র আড়াই বছরের। দুটো বেডরুম, কিচেন, ঠাকুরঘর, বাথরুম আর ছোট্ট একটা বারান্দা নিয়ে মোট নশো পঁচাত্তর স্কোয়ার ফুটের বাড়ি। বাবার সম্পত্তি কিছুই পায়নি সুবোধ। আধা সরকারি অফিসের বেতন জমিয়ে আর উজ্জ্বলার বাপের বাড়ি থেকে পাওয়া সম্পত্তি দিয়েই খাড়া

করা এই 'বসত বাড়ি'। সুবোধের এ বাড়ির সবচেয়ে প্রিয় জায়গা হল বারান্দা। উত্তরবঙ্গ থেকে কেনা বেতের চেয়ারে গা এলিয়ে পুরোনো বইগুলো ঘাঁটাঘাঁটি করে। মন দিয়ে সব পড়ে তা নয়, এখানে বসে সে বারান্দার বাইরে গলির রাস্তাটাই মন দিয়ে দেখে। শান্ত পাড়া দিয়ে চলে যাওয়া অচেনা মানুষ, সেল্‌স-বয়, পাগল, স্কুল ফিরতি ছোটো ছোটো ছেলে-মেয়ে এইসব। এইসবই সে কেন দেখে তাও জানে না সুবোধ। তবে আজকাল বিশ্বাস হয় এই অবসর জীবনের আলস্য সে উপভোগ করে বারান্দাটায়। শুধু মাত্র বাজার যাওয়া ছাড়া মর্নিং বা ইভিনিং ওয়াক কোনোটাই সে করে না। সন্ধেবেলা খাটের উপর উজ্জ্বলা পা ছড়িয়ে বসে সিরিয়াল দেখে, কলেজ থেকে ফিরে কণাও দেখে দু-একটা। সুবোধ অন্ধকার বারান্দায় বসে কথোপকথনগুলো শোনে, মনে মনে ইমেজ তৈরি করে নেয়। আগে বেশ মজা লাগত, এখন আর লাগে না। একই ঘটনা রিপিট হয় প্রতি আধ ঘণ্টা অন্তর।

—এরকম ভোঁদার মতো বসে না থেকে দু'বেলা তো একটু হাঁটাহাঁটি করতে পারো! শনিবারই পেপারে দেখলাম এ বয়সে অন্তত এক-দেড় ঘণ্টা হাঁটা দরকার, না হলে শুগার তোমার কপালে নাচছে!

উজ্জ্বলা মাঝেমাঝেই খুঁচিয়ে তোলে সুবোধকে। সুবোধ উত্তর দেয় না। শুধু উঠে গিয়ে নিজের ছোটো অন্ধকার ঘরটায় শুয়ে পড়ে। ন'টা বাজলেই টিভির সাউন্ড কমিয়ে দেয় উজ্জ্বলা। কণা পড়তে বসে। পৌনে দশটা নাগাদ ভাত চাপায় উজ্জ্বলা, বেলার খাবারগুলো গরম করে নেয়। এগারো-টা নাগাদ খেয়ে দেয়ে শুয়ে পড়ে সুবোধ আর উজ্জ্বলা। কণা আবার পড়তে বসে।

আজ আর বাজারে বেশি ঘোরে না সুবোধ। রোদ বেশ চড়া। ক্লান্ত লাগে। পরিচিত চায়ের দোকানগুলো এড়িয়ে যায় দ্রুত ব্যস্ততায়। এতক্ষণে হয়তো সবাই সুধীরদার দৌলতে পড়ে ফেলেছে খবরটা! সুধীরদার মেমরি বেশ শার্প; সবার নাম, ছেলের নাম বেশ মনে রাখতে পারে মাত্র একবার শুনেই। আর, খবরটা পড়ে নিশ্চয়ই এতক্ষণে রাষ্ট্র করে দিয়েছে। সেন্ট্রাল গভর্নমেন্ট রিটায়ার্ড এমপ্লয়ি সুধীরদা এসব ব্যাপারে বেশ করিতকর্মা। প্রকাণ্ড অবসরের সকাল ও সন্ধ্যার দুটো ঠেকের প্রধান উদ্যোক্তা তিনি নিজে। সকালে দশটা থেকে বেলা সাড়ে এগারোটা পর্যন্ত লাট্টুর চায়ের দোকান আর সন্ধ্যায় মিতালি সংঘ ক্লাব ঘরে বিশাল তাসের আসর। বাজার যাওয়ার সময় সুধীরদার ডাকেই মাঝে মাঝে দাঁড়িয়ে দু-এক দণ্ড আড্ডা মারে সুবোধ। সেই ডেইলি লোকালে দুজনের আলাপ। অবসরের সময়ে এখনও আলাপটা চলে খুঁড়িয়ে খুঁড়িয়ে।

সরু গলিটায় বিশ্রীভাবে একটা গাড়ি দাঁড় করিয়ে রেখেছে কে যেন। বে-আক্কেলে সব কারবার। বিরক্ত মনে বাড়ির বারান্দায় ঢুকতেই

অনেকগুলো জুতো দেখে চমকে ওঠে সুবোধ। উজ্জ্বলা সুবোধকে দেখতে পেয়েই এগিয়ে এসে নিচু গলায় বলে—

—কারা যেন এসেছে তোমার সাথে দেখা করতে। ঘরে বসিয়েছি। যাও।

সুবোধ ঘরে ঢুকে পড়ে। মোট পাঁচজন অপরিচিত লোক। খুব ভালো করে তারা ঘরখানা দেখছিল। প্রত্যেকেই ফিটফাট। ইন করে পড়া ফরমাল ড্রেস। ক্লিন শেভড্ গাল। মুখে পুরু গোঁফও আছে। রিমলেস চশমার ফাঁক দিয়ে সেই প্রথম সুবোধকে দেখে চেয়ার ছেড়ে উঠে দাঁড়ায় দু হাত জড়ো করে।

—নমস্কার, আপনিই সুবোধ ভট্টাচার্য?

—হ্যাঁ। নমস্কার।

সুবোধ হতভম্ব হয়ে উত্তর দেয়।

—প্লিজ, বসুন। আমি নির্মল বাগচী, ইনি তাপস, স্বপন, কে পি পাণ্ডে আর ও স্বর্ণময়।

প্রত্যেকেই সুবোধকে নমস্কার করে, কিন্তু কঠোর ভঙ্গিতে। সুবোধের অস্বস্তি হয়। পাঁচ জোড়া চোখ তাকে কেমন সর্তক ভঙ্গিতে জরিপ করে। সুবোধ আরো অবাক হয় প্রজেশকে দেখে। রান্নাঘর থেকে পাঁচটা গ্লাস থালায় সাজিয়ে সব্বার হাতে হাতে দেয় প্রজেশ। প্রজেশ এলাকার 'পলিটিক্যাল সোশাল ওয়ারকার' হিসেবে পরিচিত। কিন্তু এদের সাথে এখানে? প্রজেশ থালাটা শো-কেসের উপর রেখে সুবোধের দিকে এগিয়ে আসে—

—কাকু, আমাকে তো আপনি চেনেনই।

সুবোধ মাথা নাড়ে।

—এনারা আপনার সাথে একটু কথা বলতে চান। প্লিজ একটু কো-অপারেট করবেন। স্যার শুরু করুন।

এর মানে সুবোধ বুঝতে পারে না। কীসের কো-অপারেশন।

—আপনি কি আজকের খবরের কাগজ পড়েছেন?

নির্মল বাগচী গ্লাসে চুমুক দিয়ে শুরু করে। সুবোধ ধুপ করে বসে পড়ে বিছানায়।

—প্লিজ, কাম ডাউন। আমরা স্পেশাল অফিসার সিআইডি, ফ্রম ভবানী ভবন।

সুবোধের সমস্ত শরীরটা শূন্যে এক প্রকাণ্ড দোলায় দুলে ওঠে।

—কাল শালবনির কাছে জঙ্গল থেকে একটি মৃতদেহ পাওয়া গিয়েছে। পাওয়া গিয়েছে মানে, রাতে রুটিন পেট্রোলিং-এর সময় জঙ্গল থেকে মাওইস্টরাই ফায়ারিং করে পুলিশ জিপ লক্ষ করে, পুলিশ জবাব দিলে ওরা পিছু হটে। তারপর সকালে সার্চ করবার সময় বডিটা পাওয়া যায়। ইনভেস্টিগেশন বলছে বডিটা মাওইস্টদেরই। নাম— অরিন্দম ভট্টাচার্য।

—ইম্পসিবল।

সুবোধ ককিয়ে ওঠে।

—শান্ত হোন মিস্টার ভট্টাচার্য। বডি থেকে এই ভোটার আই ডি কার্ডটা পাওয়া গেছে। দেখুন একবার, এটা কি আপনার ছেলের ছবি?

কাঁপতে থাকা শরীর থেকে মাথাটা তুলে ছবিটা দেখে সুবোধ।

—ইয়েস। ইট ইজ্ মাই সন।

সকালে ছবিহীন খবরটা পড়ার পর থেকেই প্রবল ভয়, শোক নিয়ে শরীরের সমস্ত স্নায়ুগুলোকে বেঁধে রেখেছিল সুবোধ। এতক্ষণে তা দু'চোখের বাষ্প হয়ে জমা হয়েছে। দড়াম! রান্নাঘরের দিকে দরজায় প্রচণ্ড আওয়াজে তাকায় সুবোধ। উজ্জ্বলা পড়ে আছে।

২

—দুটো স্টিচ পড়ল কাকাবাবু। প্রেশার একটু বেশি তবে চিন্তার কারণ নেই। ঘুমের ওষুধ দিয়েছি, দুপুরটা ঘুমোলে বেটার ফিল করবে। আর ওষুধগুলো আনিয়ে নিন। ... কণা এসেছে?

—আসছে। ফোন করেছিলাম।

সুবোধ বারান্দার গেট খোলে।

—কাকু, জানি এই কথাগুলো আপনার কাছে সান্ত্বনার মতন, তবু অরিন্দম যে এমনটা করতে পারে ভাবতেই পারছি না! সকালেই নিউজটা দেখেছিলাম, কিন্তু...

সুবোধ মাথা নিচু করে কথাগুলো শোনে। শুনতে শুনতেই হাওয়াইটা পরে, নিচে নেমে ডাঃ সেনকে এগিয়ে দেয়, কোনো উত্তর দেয় না।

—অমন ব্রাইট ছেলে! আসলে পলেটিক্সই ওদের মাথাটা খেলো। ভালো ভালো ইউনিভার্সিটিগুলোতে মাথা চিবোনোর জন্য সব ওঁৎ পেতে বসে থাকে। যাই হোক কাকু আপনাকে এখন স্টেডি থাকতে হবে।

—হুম! আই অ্যাম স্টেডি।

সেন বিদায় নেয়।

যাদবপুরে ফিফথ্ সেমিস্টারের সময় ডাঃ সেনের সাথে প্রথম পরিচয় হয় অরিন্দমের, সবে তখন সেবা মেডিকেলে সেন বসতে শুরু করেছে। সেদিন বিকেলের পর থেকে হঠাৎ কণার জ্বরটা বেড়ে গেল। সামনে মাধ্যমিক, এমন সময়...। ওদিকে উজ্জ্বলাও গোঁ ধরে বসে আছে দেবনাথকে ছাড়া কাউকে দেখাবে না। সুবোধ দু'একবার বোঝায় যে...। কিন্তু উজ্জ্বলা নাছোড়, 'হাউজ ফিজিশিয়ান' ছাড়া ও কাউকে দেখাবে না। অরিন্দম যুক্তি দেখায় এমারজেন্সির সময় সবাই হাউজ ফিজিশিয়ান। প্রায় জোর করেই সেদিন কণাকে নিয়ে যায় সেনের কাছে। এরপর দেবনাথের মৃত্যুর পর থেকে সেনই এখন 'বসত বাড়ি'র হাউজ ফিজিশিয়ান। ইয়াং ছেলে।

অরিন্দমের সাথে সহজেই বন্ধুত্ব হয়ে গিয়েছিল। কখনও সখনও রুটিন চেক-আপ-এ এলে দুজনে বেশ আড্ডা মারত। কখনও হিস্ট্রি, কখনও পলিটিকাল হিস্ট্রি নিয়ে। সুবোধ মাঝে মাঝে অবাক হয়ে যেত ছেলে দুটোর অগাধ স্বচ্ছতা দেখে। একদিন দুজনে মেডিক্যাল সায়েন্স-এর হিস্ট্রি নিয়ে বেশ জমাটি আলোচনা করেছিল। অরিন্দম সেদিন দারুণভাবে বিষয়টা যুক্তির পর যুক্তি দিয়ে সাজিয়ে তুলেছিল। সেন শুধুমাত্র- 'হ্যাঁ', 'ঠিক বলেছ', আর দু-একটা দীর্ঘশ্বাস ছাড়া কিছুই বলতে পারেনি। কেমন করে মানুষের বেসিক নিডগুলো ধীরে ধীরে ব্যবসায়ীক-পণ্য হয়ে উঠছে তার যুক্তিগুলো সুবোধকেও মোহিত করে রেখেছিল। সে নিজে কখনো এমন করে বোঝেনি এত বয়েসে এসেও! সত্যি একটা মানুষ কতই না কম বোঝে তার গোটা জীবনে।

ডোরবেলটা দুবার বেজে উঠলো। দুপুরে সুবোধ প্রায় আধ ঘণ্টার চেষ্টায় বারান্দার ফাঁকা গ্রিলটায় একটা মোটা প্লাস্টিক টাঙিয়েছে। ফলে বারান্দাটা খানিক অন্ধকার হয়ে গেছে। হঠাৎ কেমন যেন সন্ধ্যা হয়ে এসেছে বলে মনে হয় সুবোধের।

ডোরবেলটা আবার বেজে ওঠে। সুবোধ দ্রুত উঠে দরজাটা খুলে দেয়। কণা। সারাটা মুখ ঘাম আর রাস্তার ধুলোয় কালো হয়ে আছে। এতটা জনপদ পেরিয়ে আসতে আসতেও কণা তার তিন বছর আগে হারিয়ে যাওয়া দাদার জন্য বেশ কয়েক ফোঁটা চোখের জল ফেলেছে বলেই সুবোধের বিশ্বাস। হালকা ধূসর চশমার মধ্যে দিয়েও তার লাল চোখদুটো দেখা যাচ্ছে। রুক্ষ কয়েক গাছা চুল কপালের উপর সাপের ফণার মতো হাওয়ায় নাচছে। কণার কাঁধে ঝুলতে থাকা ব্যাগটা দরজার সামনেই খসে পড়ে যায়। পড়তে থাকা ওড়নাটা না সামলেই সুবোধের বুকের উপর ঝাঁপিয়ে পড়ে—

—বাবা, সত্যি দাদা আর নেই?

—দাদা বাড়ি আছেন?

প্রায় এক ঘন্টা ধরে লোডশেডিং। সুবোধ এ-ক'ঘণ্টায় বেশ কিছুটা অভিজ্ঞ হয়ে উঠেছে। অন্তত চারজন সাংবাদিকে সামলেছে। নির্মল বাগচী বারবার বলে গেছে, 'সাংবাদিকদের কিছু বলবেন না। ওটা দরকার মতন আমরা করব।' কণা ঠায় মায়ের কাছে বসা। উজ্জ্বলা সবে মাত্র কয়েক চামচ ভাতের স্যুপ খেয়েছে। কণা উজ্জ্বলার ঘর থেকে বেরিয়ে এসে রান্নাঘরের কাছে সুবোধকে খবর দেয়— 'কেউ ডাকছে। দেখো তো।' সুবোধ অন্ধকারে দাঁড়িয়ে রান্নাঘরের খোলা জানলা দিয়ে বসাকদের বিশাল বাগানটা পেরিয়ে দূরে সুপুরি বাগানে সদ্য গজিয়ে ওঠা বাড়িগুলো দেখছিল। বছর সাতেক আগেও বাগানটা এ সময় অন্ধকারে ডুবে যেত আর দু-

একটা শেয়াল কুকুরের তাড়া খেয়ে বসাক বাগানে ঢুকে পড়ত। অরিন্দমরাই ওই বাগানটার এক পাশ পরিষ্কার করে ক্রিকেট খেলত প্রতিদিন, আর উজ্জ্বলা সন্ধ্যায় এই জানলাটা দিয়ে জোরে হাঁক দিত—

—বাবাই খেলা হয়নি এখনো?

সিগারেটে শেষ টান দিয়ে দরজাটা খোলে সুবোধ। দু-চারের জন লোকে বোধ হয়।

—কাকু আমি প্রজেশ।

—কণা বারান্দায় একটা আলো দিয়ে যা তো। আসুন।

আজ দুপুরেই কয়েকটা চেয়ার এনে রেখেছে বারান্দায়। কণা একটা মোম রেখে যায় সেল্ফের উপর। প্রজেশ ছাড়াও দুজন বারান্দায় উঠে আসে। অরুণবাবু আর অমিতাভ। সুবোধ এদের চেনে। অরুণবাবু এই ওয়ার্ডের কাউন্সিলার। অমিতাভ ওর আপ্ত সহায়ক, যদিও পাড়ার লোকে বলে অরুণবাবুর চামচা। সুবোধ যতটা সম্ভব বিনীত ভাবে ওদের বসায়। অরুণবাবু রুমালে ঘাম মুছে নিয়েই শুরু করেন—

—মিউনিসিপ্যালিটি থেকে ফেরবার সময় খবরটা পেলাম। ভেরি স্যাড! বউদি কেমন আছেন এখন?

—ডাক্তার সেন দেখে গেছেন। এখন বেটার।

—কিছু খাওয়া-দাওয়া করেছেন?

—হ্যাঁ, এইমাত্র খেলো একটু।

সুবোধের কথা বলতে ইচ্ছে করছে না, তবু সৌজন্য...

—এমন ছেলে—! ও যাদবপুরে পড়ত না?

—হ্যাঁ। হিস্ট্রি।

—ওই কলেজটা একদম ওদের আখড়া হয়ে গেছে! ভালো ভালো ছেলেগুলোকে তুলছে আর মাথা চিবিয়ে জঙ্গলে নিয়ে যাচ্ছে। বিপ্লব!

অমিতাভর ফোন বেজে ওঠে। ও ফোনটা ধরতে একটু আড়াল হয়।

—হ্যাঁ বল। না না, আমাদের ওয়ার্ডের একটা ব্যাপার নিয়ে একটু ব্যস্ত আছি।

অরুণ হাতের ইশারায় ফোনটা রাখতে বলে।

—একটু পরে ফোন কর?

অরুণ আরো একবার মুখটা মুছে নেয়। একটা ভ্যাপসা গরম আজ।

—প্রজেশ বললো সিআইডি এসেছিল।

—হ্যাঁ।

—আপনি সব জানিয়েছেন তো?

—সব জানানো মানে?

—মানে, অরিন্দমের অ্যাকটিভিটিস, যা আপনারা জানেন।

—অরিন্দম আজ তিন বছর বাড়ি ছাড়া। এই সময়ের মধ্যে ওর সঙ্গে

আমাদের কোনো যোগাযোগ ছিল না, এমনকী অরিন্দম নিজেও কোনো যোগাযোগ করেনি।

—তিন বছর!

অরুণবাবু চশমাটা খুলে ঘামে আধ ভেজা রুমালেই মুছতে থাকেন।

—যাই হোক দাদা, আপনাকে শুধু আমার একটাই রিকোয়েস্ট পুলিশের সাথে সবরকম কো-অপারেট করবেন প্লিজ। নইলে শুধু শুধু হ্যারাসমেন্ট বাড়বে। এই বয়সে আর এসব... তাছাড়া আপনার কাঁধে এখনো একটা মেয়ে রয়েছে।

—হ্যাঁ হ্যাঁ, নিশ্চয়ই। পুলিশের সাথে আমি সব সময় কো-অপারেশন করব।

—বডি কবে দেবে বলেছে?

—পরশু সকাল দশটার মধ্যে শালবনি থানায় যেতে হবে।

—বডি নিয়ে?

—বডি নিয়ে বাড়ি হয়ে, কাছে পিঠেই কোথাও...

হঠাৎ সুবোধের জিভটা জড়িয়ে আসে, চোখ দুটো প্রচণ্ড জ্বালা করে ওঠে। তাড়াতাড়ি মুখ নামিয়ে নেয় আলোর দিক থেকে।

—দাদা আমাদের একটা রিকোয়েস্ট আছে।

সুবোধ মুখ তোলে।

—বডিটা এখানে নিয়ে আসবেন না। পাবলিক রিঅ্যাকশন খুব ভালো হবে না তাই। আফটার অল সবাই মাওইস্টদের প্রতি খেপে আছে। কালই তো দেখলাম হোম মিনিস্টারও বলেছে 'মাওইস্টরাই এখন দেশের অভ্যন্তরীণ নিরাপত্তায় সবচেয়ে বড়ো বিপদ।'

বারান্দার বাল্বটা জ্বলে ওঠে। অরুণবাবুরা উঠে পড়ে।

—আজ চলি দাদা। আর কোনো দরকার পড়লেই খবর দেবেন। প্রজেশ তো আপনার পাড়ারই ছেলে।

সুবোধ মাথা নাড়ায়। এক-এক করে সবাই চলে যায়। সুবোধ মোড়াটায় বসে থাকে কিছুক্ষণ।

—কণা, আলোটা নিভিয়ে দে তো মা।

কণা দরজার পিছনেই ছিল।

—কিছু খাবে বাবা?

—না রে।

—একটু চা দিই?

—না থাক, ভালো লাগছে না।

মুখটা ঘুরিয়ে একটু হাসবার চেষ্টা করে সুবোধ, মেয়েকে দেখিয়ে। কণা আলোটা নিভিয়ে দেয়। মায়ের ঘরে যেতে গিয়ে আর একবার ডুকরে ওঠে কণা, বাবাকে কাঁদতে সে কোনোদিনও দেখেনি।

থানার থেকে বেরিয়ে যে লালচে রাস্তাটা সোজা গ্রামের দিকে চলে গেছে, তার দিকে এক নাগাড়ে চেয়ে থাকা যায় না এই ঝলসানো রৌদ্রে। সুবোধ চোখ ফিরিয়ে নেয়। গতকাল সকালেই তার শালি-ভগ্নীপতিরা এসে গেছে। আত্মীয় বলতে এই একজনই আছে সুবোধের। শিবপুরে দুর্জয়ের ইলেক্ট্রনিক্সের শোরুম। ও-ই ড্রাইভ করে নিয়ে এসেছে এতদূর। দুর্জয়ের বড়ো ছেলে শান্তনু তার দুজন বন্ধুকে নিয়ে এসেছে। ছোটোটা সুবোধের বাড়িতেই রয়ে গেছে। 'বাড়িতে অন্তত একজন পুরুষ মানুষ থাকুক সুবোধদা'— রিনা-ই তার জামাইবাবুকে বলেছিল।

—একটু চা খাবেন সুবোধদা?

—দাও।

দুর্জয় একটি কালোপানা ছেলেকে ডেকে চায়ের অর্ডার দেয়।

—কখন ডাকবে কিছু জানলে?

—ধুর। শালাগুলো সব অলসের ডিম। সেকেন্ড অফিসার না এলে বডি দেখতে দেবে না। সে গেছে পাশের গ্রামে রুটিন রাউন্ড মারতে। যদি সে ব্যাটা আজ উড়ে যায়, ক' বছরে বডি দেবে তা ওই হারামিগুলোই জানে!

রেগে গেলে দুর্জয় নিজেকে সামলাতে পারে না। এ জন্য অরিন্দম দুর্জয়কে পছন্দ করত না। তিন বছর আগে ডব্লিউ বিস সি এস জব-টা অরিন্দম ছেড়ে দিলো, কী এক এন জি ও স্কুল জয়েন করবে বলে। রাতে সুবোধের সাথে প্রবল তর্ক হয়েছিল অরিন্দমের। সুবোধ সাফ বলে দিয়েছিলো—তুমি এন জি ও জয়েন করলে এ বাড়ি তোমাকে ছেড়ে দিতে হবে। অরিন্দম প্রস্তুত। পরের দিন দুর্জয়ও কত বোঝাল। 'চাকরি তোর ভালো না লাগে তো চল আমার বিজনেস পার্টনার হবি। তোর মতো ব্রিলিয়ান্ট ছেলে...' উজ্জ্বলাই ফোন করেছিল ওকে, ছেলেকে বোঝানোর জন্য, এ বাজারে কেউ এমন চাকরি ছাড়ে! উত্তরে অরিন্দম একটু হেসে পরদিন বাড়ি ছেড়ে ছিল। তারপর তিন বছর! ছেলেটা বোধহয় বেশ পালটে গেছিল!

—আচ্ছা দুর্জয়, অরিন্দমকে দেখতে পারব তো?

—মানে?

—না, মানে, যদি এতক্ষণে সে পচে গলে...

—আরে না না, ওদের সেসব ব্যবস্থা আছে। আর আপনি এত ভেঙে পড়ছেন কেন? এরকম ছেলের জন্য আপনি ভেঙে পড়ছেন? স্কাউন্ড্রেল!

—বাবা, একটু শোনো।

শান্তনু দুর্জয়কে থানার ভেতর ডাকে। দুর্জয় সিগারেটের প্যাকেটটা বের করতে গিয়েও আবার ঢুকিয়ে রেখে উঠে পড়ে।

—এই বাবু দুটো পয়সা দিবি? খাবো।

সুবোধ ছেলেটাকে ভালো করে দেখে। ছ'সাত বছরের একটা ন্যাংটা ছেলে। দুটো নাক থেকে বেরোনো সর্দি জমে গিয়ে সাদা রেখা তৈরি হয়েছে ঠোঁটের উপর। পকেট হাতড়িয়ে দশ টাকার নোট তুলে দেয় ছেলেটাকে। টাকা নিয়েই ছেলেটা দে ছুট, লাল রাস্তাটা ধরে সোজা গ্রামের দিকে। থানাটা বেশ শান্ত। গাছতলাটায় বসে থাকতে বেশ লাগছে সুবোধের।

—স্যার আপনিই কি সুবোধ ভট্টাচার্য?

সুবোধ একটু বিরক্ত হয়। আবার ক্যামেরা, বুম। কালও একটি ছেলে এসেছিল ইন্টারভিউ নিতে। কণা বার বার করে রিকোয়েস্ট করেছিল ছবি না তুলতে। কিন্তু কোন ফাঁকে যে ছেলেটা তুলে নিয়েছিল! আজ পেপারে নাকি ছবিটা বেরিয়েছে।

—প্লিজ, আমার শরীরটা ভালো নেই। আর ইন্টারভিউ নয়।

—স্যর, আমরা জার্নালিস্ট নই।

সুবোধ ভালো করে ছেলে দুটোকে দেখে। জিন্স, আর টি শার্টে দুজন কম বয়সি ছেলে। দুজনের পিঠেই ক্যামেরা ক্যারি করবার ব্যাগ।

—আমি প্রবীর আর ও পৃথিদেব। আমরা ডকুমেন্টারি মেকার।

বিষয়টাতো সেই এক, ইন্টারভিউ। সুবোধ হাত জোর করে।

—প্লিজ, আমাকে একটু একলা থাকতে দিন।

—স্যর, আমরা আপনাকে বিরক্ত করব না শুধু একটা ইনফরমেশন দেবো।

এতক্ষণে পৃথিদেব কথা বলে।

—অরিন্দমদা মাওইস্ট নয়।

সুবোধের মাথাটা ঘুরে যায়। সিমেন্টের বেদিটা শক্ত করে ধরে।

—আমাদের কাছে প্রমাণ আছে।

প্রবীর ক্যামেরায় ব্যাগটা নামিয়ে সুবোধের পাশে বসে।

—আসলে আমরা আদিবাসী শিক্ষার উপর একটা ডকুমেন্ট্রি বানাচ্ছিলাম। এখানে কিছুতেই শুটিং-এর পারমিশান পাচ্ছিলাম না। তখনই অরিন্দমদার সাথে আলাপ হয়। ওর স্কুলেই আমাদের শুটিং-এর ব্যবস্থা করে দেয়। পরশু নিউজে খবরটা পড়েই আমরা ওড়িশা থেকে শুটিং বন্ধ করে চলে এসেছি। থানাতে এসে খোঁজ করাতে, ওরাই আপনাকে...

4

একটা ছোট্ট কুঁড়ে ঘর থেকে বেরিয়ে আসছে অরিন্দম। পরনে আকাশি পাজামা আর লাল পাঞ্জাবিটা উজ্জ্বলাই সেবার পুজোয় কিনে দিয়েছিল। এক মাথা ঝাঁকড়া চুলের সাথে গাল ভর্তি চাপ দাড়ি ওকে মানিয়েছে বেশ।

ক্যামেরা ওর পা-কে পিছন থেকে ফলো করে। এক একটা চটির ঝাপটায় হালকা ধুলো ওড়ে। একটা রাস্তার মোড়ে দুটো বাচ্চা ছেলে অপেক্ষা করছিল। বাচ্চা দুটোর বগলে স্লেট আর কিছু বই। অরিন্দম ছেলেগুলোর মাথায় হাত বুলিয়ে দিয়ে এগিয়ে যায়। চায়ের দোকানে বাবার কোল থেকে একটা বাচ্চাকে তুলে নেয় অরিন্দম। জিজ্ঞেস করে—

—কেমন আছো গো আজ?

বাবা মাথা নেড়ে জানায় 'ভালো।' বাচ্চাটা অরিন্দমের ঘন দাড়ি আর চুলের মধ্যে হাত ঢুকিয়ে খেলা করে। অরিন্দম একটা চুমু খায় ওর গালে।

এই প্রথম অরিন্দমকে ক্যামেরাটা সারা টিভি জুড়ে ধরেছে। সমস্ত একুশ ইঞ্চি স্ক্রিন জুড়ে শুধু অরিন্দমের উস্কো-খুস্কো মুখটা। কণা টি.ভি. টার দিকে স্থির তাকিয়ে থাকে।

একটা গাছের তলায় ছেলে-মেয়েগুলো বসে আছে। অরিন্দম ওদেরকে আজ অক্ষর জ্ঞান দেবে।

—'অ', 'আ'...

ওর গলাটা এখনো সেই রকম মোহময়ী। এতটা দেখানোর পর সঞ্চালক আবার ফিরে আসেন আলোচনায়। স্টুডিওতে সেই ছেলেদুটোও আছে। সুবোধকেও ইনভাইট করেছিল, ও যায়নি। ছেলে দুটোই বেশি কথা বলে; ফিল্মটার মেকিং নিয়ে, অরিন্দমের মিশন নিয়ে। আর দুজন রুলিং আর অপনেন্ট পার্টির রিপ্রেজেনটেটিভ নতুন করে আবার ঝগড়ায় জড়িয়ে পড়েন—নিজেদের আদিবাসী উন্নয়ন বা না-উন্নয়ন প্রশ্নে।

ডোরবেলটা বাজছে। বারান্দায় মোটা প্লাস্টিকের পর্দাটা আজ খুলতে একদম ভুলে গেছে সুবোধ। দরজায় বাইরে অরুণ আর অমিতাভ।

—দাদা একটু দরকার ছিল।

—ভেতরে আসুন।

—সেদিন আপনাদের কাজ সব ঠিক-ঠাক মিটেছিল?

—হ্যাঁ, সব ঠিক-ঠাকই হয়েছিল।

—বউদি আর আপনার শরীর?

—ভালোই। কী দরকার বলছিলেন?

—হ্যাঁ,মানে... আমাদের গভর্নমেন্ট অরিন্দমের এই ব্যাপারটাতে খুবই লজ্জিত। সম্পূর্ণটাই আসলে অনিচ্ছাকৃত... মানে...। তাই আসলে একটা কমপেনশেসন ডিক্লেয়ার করেছেন চিফ মিনিস্টার।

—জানি। খবরে দেখছিলাম।

অমিতাভর ফোনটা বেজে ওঠে। সায়লেন্ট করে দেয়, রিসিভ করে না। বারান্দায় একটা নিস্তব্ধতা নেমে আসে। মিষ্টি সুরে কোনো সাবান কোম্পানি তাদের সাবানের বেস্ট কোয়ালিটির বিজ্ঞাপন দিচ্ছে টিভিতে।

—আর একটা অনুরোধ আছে আমাদের।

অরুণ জড়তা ভাঙার চেষ্টা করে।

—বলুন!

—অরিন্দমের মতো একটা ছেলে, আমাদের পাড়ার গৌরব। তাই আমাদের উন্নয়ন সমিতির পক্ষ থেকে একটা স্মরণ সভা আর একটা ফুটবল টুর্নামেন্ট...

সুবোধ মুখ তুলে তাকায় ওদের দিকে, চোয়াল শক্ত করে।

সঞ্চালক আবার আলোচনা থেকে সোজা ফিরে গেছে তথ্যচিত্রটায়। প্রথমেই অরিন্দমের ক্ষতবিক্ষত শরীরটা। গলার নিচে সেই গভীর বুলেটের ক্ষত জুড়ে শুকনো মেরুন রক্ত। উজ্জ্বলা বালিশে মুখ গুঁজে ডুকরে ওঠে। ওর সমস্ত মুখটা ক্লোজ-আপ-এ। সেই ডান গালটা যেখানে সেদিন মর্গে দেহ সনাক্তকরণের সময় একটা চুমু খেয়েছিল সুবোধ, বুলেটের ক্ষতটাকে হাত দিয়ে আড়াল করে রেখে।

ক্যামেরায় দৃশ্য পরিবর্তন হয়। থানা থেকে বেরোনোর সেই লাল রাস্তাটা গ্রামের দিকে চলে যায়, সেখানে দু-তিনটে ন্যাংটো বাচ্চা দাঁড়িয়ে দেখে ক্যামেরার ফুটেজগুলো। সুবোধ সোজা হয়ে বসে। কোন সেই বাচ্চাটা যাকে সে সেদিন দশ টাকা দিয়েছিল। চিনতে পারে না। সবাইকে কেমন একরকম ভেবে গুলিয়ে ফেলে সুবোধ।

ক্যামেরা এখন গ্রামে ঢুকে পড়েছে। ফ্রেমে একটা হেলে-পড়া বাড়ির ভেঙে পড়া বারান্দা। কয়েক ফালা রোদ্দুর বারান্দায় টান-টান হয়ে শুয়ে আরাম করছে। আশে পাশে ঝোপ-ঝাড় পার করে কিছু ঘর দেখা যায়। দু-একজন মহিলার মুখ উঁকি মারে। ক্যামেরা ওদিকে ঘুরতেই মুখগুলো দেওয়ালের পেছনে অদৃশ্য হয়ে যায়। বারান্দায় এক বৃদ্ধ বসে আছেন। ‘এখানে আপনারা কেমন আছেন?’ কেউ একজন প্রশ্ন করে। ক্যামেরায় তাকে দেখা যায় না। ক্যামেরা জুড়ে কুঁকড়ে যাওয়া চামড়ায় শুধু দুটো নিষ্পলক চোখ তাকিয়ে থাকে। অনেকক্ষণ অপেক্ষা করেও কোনো উত্তর আসে না। ক্যামেরা উঠে পড়ে, হাঁটতে শুরু করে। মাঝখানে খানিকটা করে স্পেস দিয়ে তালপাতায় ছাওয়া ঘর। আর এরই পাশ দিয়ে চলে গেছে এ রাস্তা, দূরে, অনেক দূরে...। অরিন্দম কি জানত এ রাস্তাটা কোথায় যায়?

কিছুদূর গিয়ে রাস্তাটা বাঁ দিকে বাঁক নেয়। বাঁকের মুখেই একটা দোতলা পাকা বাড়ি। বাড়ির মাথায় লাল হরফে লেখা ‘শহিদ ভবন’। ক্যামেরা বাড়ির প্রতিটা ডিটেলস্ খুঁটিয়ে খুঁটিয়ে তুলে রাখে, বাড়িটার আশে পাশে দু-একটা হতশ্রী মাটির বাড়ি বেমানান ভাবে গজিয়ে উঠেছে যেন। পাকা বাড়িটার সামনে একখানা বহু পুরোনো বেদি। তাতে অস্পষ্ট অক্ষরে লেখা ‘-হিদবেদি’, শুধু ‘শ’-টাই ক্ষয়ে গেছে।

শীতের শহর

টিং-টিং, টিং-টিং। ঋতব্রত বাধ্য হয় বিছানা ছেড়ে উঠতে। এত সকালে এস.এম.এস, অফিস ছাড়া আর কেউ পাঠাবে না। কাল 'সাউ গার্মেন্টেস'-এর দুটো আর্জেন্ট এ.সি ঢুকেছে। আজকেই ডেলিভারি দিতে হবে। মেকানিক দুটোর সকালেই এসে নিয়ে যাওয়ার কথা। অফিসের চাবি তন্ময়ের কাছে। লোকাল ছেলে হওয়ায় সাইকেলেই যাতায়াত করে তন্ময়। ঋতব্রত আজ তাড়াতাড়ি ঢুকবে। এক ডিলারের চেক এখনও ক্লিয়ার হয়নি। ফাস্ট আওয়ারেই একবার ব্যাঙ্কে যেতে হবে।

মেসেজটা কী হতে পারে তা মনে মনে একটা আন্দাজ করার চেষ্টা করে ঋতব্রত। মেকানিকগুলো কি ঝোলালো? সাউদের কাউন্টার খুলে যাওয়ার আগেই অন্তত নাইনটি পার্সেন্ট কাজ করে ফেলার কথা। কাউন্টার খুলে গেলে আর কাজ করা যাবে না। তাই দুদিন আগেই দেয়াল কাটিয়ে রেখেছে তন্ময়। কালও ফোনে বার বার করে ওরা বলে দিয়েছে ঋতব্রতকে— 'ভাইয়া, সোকালে কাজ শেষ করে দিতে হবে কিন্তু।' ও অভয় দিয়েছে। আসলে কাজটা আজ না হলে, কাল রবিবার ওকেও অফিস ছুটতে হবে। সপ্তাহে একটা মাত্র ছুটির দিন! কিন্তু মেকানিকগুলো আজ না আসলে পুরোটাই হাঁসে! বিরক্তিতে ফোনটা ছুঁতে ইচ্ছে করে না ঋতব্রতের। চার্জারের সুইচ বন্ধ করে দরজার ছিটকিনি খুলে আবার বিছানায় ফিরে আসে ঋতব্রত। এ সময় মা বাথরুম থেকে বেরিয়ে বিছানা তুলে দিয়ে যায়। বাবা বোধহয় বাজারে বেরিয়ে গেছে। ঋতব্রত ঘুমের আমেজটা বিছানায় আরো কিছুক্ষণ ধরে রেখে উপুড় হয়ে শুয়ে থাকে। সকালের পরার কাচা শাড়িটা ঠিক করতে করতে ঘরে ঢোকে মা। দুহাতের শাঁখা-পলা আর দুগাছা চুড়িতে ঠোক্কর লেগে ঝন্‌ ঝন্‌ শব্দ হয়। মশারির কোনা খুলতে খুলতে গজ গজ করে মা।

— ...অন্যদিন যখন বলি সকালে ওঠ, দেখ কে যেন ফুলগুলো তুলে নিয়ে যায়, বেলাতে একটাও ফুল পাই না, তখন উঠবে না। আর আজ...?

—কী হলো আবার?

ঋতব্রত বিরক্ত গলায় প্রশ্ন করে

— কী হবে আবার, বুড়ো বয়সের ভিমরতি। ...নে ওঠ, বিছানা ছাড়।

ঋত্বব্রত বিছানা ছাড়ে। বাবা আজও হয়তো পেপারের ছেলেটাকে ধরবে বলেই বসেছিল। গত দু-তিনদিন ধরেই বাড়িতে এ গল্পটা চলছে। মাসের পেপারের বিলটা পল্টুকেই দিয়ে দেয় বাবা। এ মাসে টাকাটা পল্টু পুরোপুরি ঝেঁপে দিয়েছে। নিতাইদা সোমবার কালেকশন করতে এসে ধরতে পারে। ঋত্বব্রত কতবার বাবাকে বলেছে, ছ'মাস বা একবছরের কম্বো প্যাকেজে চলে যেতে, ডিসকাউন্ট দিয়ে দুটো পেপার। সরাসরি কোম্পানিকে চেকে পেমেন্ট। কোনো ঝামেলাই নেই। ফর্মও এনে দিয়েছিল, তবু এখনও ওই এক ঝামেলা বাবার।

—ইংরেজি পেপার আর কে পড়ে বাড়িতে!

বাবার অকাট্য যুক্তি। আরে পড়বে না তো কয়েকমাস জমিয়ে বেচে দেবে।

বাথরুম থেকে ফিরে, শেভিং কিটটা খোলে ঋত্বব্রত। মা টেবিলের উপর চায়ের কাপ রেখেই ব্যস্তভাবে বেরিয়ে যায়। কাপের পাশে শুয়ে থাকা মোবাইলটা তার না-পড়া এস.এম.এস-র কথা রিমাইন্ড টোন মনে করিয়ে দেয় আরো একবার। এস.এম.এস-টার কথা প্রায় ভুলেই গিয়েছিল ঋত্বব্রত। মনে পড়তেই মনটা দুমড়ে যায়। শালা মেকানিক দুটো আজ না আসলে অনিমেষদা ঝেড়ে কাপড় পরিয়ে দেবে। আর কিছু হলেই ওর মুখের ওই এক ডায়ালগ, 'তোদেরকে এত করে মাইনে দিচ্ছি...' শুনতে একদম ভালো লাগে না ঋত্বব্রতের। ধুর! নিজের উপরেই বিরক্ত হয়। কেন এত ভাবছে সকালবেলা? মেকানিকদের কাজে পাঠিয়ে দিয়ে তন্ময় তো করতে পারে।

ঋত্বব্রত মোবাইলটা তুলে নেয়। নাহ্ তন্ময় নয়, একটা অচেনা নম্বর। রিড বটমটা প্রেস করতেই কালো ডিজিটাল অক্ষরগুলো স্ক্রিনের উপর ভেসে আসে।

'এমনি করেই শীতের চাদর মুড়ি দিয়ে ফিরে ফিরে
আসুক তোমার জন্মদিন।
—শুভ জন্মদিন।'

২

— দাদা ভিতরে ঢুকুন, বাইরে ঝুলছি যে।

কামরায় বাইরে থেকে আরো দু-একজন চিৎকার করে ওঠে—

— আরে ঝুলছে তো! ভেতরে ঢুকুন না, ও দাদা।

কামরার ভেতরে কোনোরকম হেলদোল দেখা যায় না। ঋত্বব্রত ডানদিকে কাত হয়ে দাঁড়ায়। অপেক্ষা করে। দমদম না গেলে এ চাপ কমবে না। ট্রেন প্ল্যাটফর্ম ছাড়তে না ছাড়তেই দমদমের প্যাসেঞ্জাররা

বেরোবার জন্য ঠেলাঠেলি করছে। কে যেন কুনুই দিয়ে তলপেটে ঠেলা মারে ঋতব্রতকে। অন্যদিন হলে লোকটার বাপ-মা এক করে দিত ও। কিন্তু আজ একদম রাগ হচ্ছে না। শুধু গলা তুলে বলে—

— দাদা একটু দেখে-শুনে বেরোন।

কেউ উত্তর দেয় না। ঋতব্রত আজ এক অদ্ভুত কৌতূহল মেশা আনন্দে ডুবে আছে। সত্যিই একদম মনে ছিল না এই দিনটার কথা। তারচেয়েও অবাক কাণ্ড নম্বরটা কার, যে সকালবেলা মনে করে, মনে করিয়ে দিলো, আজ তার জন্মদিন! ধন্যবাদ জানিয়ে একটা রিপ্লাইও দিয়েছিল বটে, কিন্তু তারও উত্তর এসেছে খুব ঘোলাটে রকমের—

'আমি তো ধন্যবাদ দিই ঈশ্বরকে।
তোমাকে না পাঠালে হয়তো কোনোদিনও
দেখাও হত না তোমার সঙ্গে। কত না
পাওয়া থেকে যেত বলো!'

তার জন্মের সাথে অন্য কারোর কিছু চাওয়া-পাওয়া জড়িয়ে থাকতে পারে... জাস্ট ভাবতে পারে না ঋতব্রত। রিপ্লাই করে—
' ??? মানে? তোমাকে কি আমি চিনি?'
তার এখনও কোনো উত্তর আসেনি। ঋতব্রত মনে মনে কিছু হিসেব কষে নিয়েছে। হিসেবের মূল উত্তর হল অপেক্ষা। সবুরে মেওয়া ফলে।

ট্রেন যত দমদমের কাছাকাছি এগোচ্ছে চাপ তত বাড়ছে। 'উহ্' বুট পরা একটা পা ঋতব্রতর পা মাড়িয়ে চলে যায়। বাঁধ ভাঙা বন্যার জলের মতো মানুষগুলো নেমে যায় দমদম স্টেশনে। কোনো একটা কারণে দমদম থেকেও প্রচুর লোক উঠে পড়ে ট্রেনটাতে। ভিড়ের মধ্যেই এগোয় ঋতব্রত, না হলে বিধাননগরে আর নামা যাবে না। হাত দুটো টনটন করছে, নামাবারও উপায় নেই। ডান ঊরুর উপর কিছু একটা নড়াচড়া করছে বোধহয়। বুঝতে পারে না ঋতব্রত, একভাবে দাঁড়িয়ে থেকে হাত পা অসাড় হয়ে গেছে। কেউ কি তাহলে পকেটে হাত ঢোকালো? ও সজাগ হয়। নাহ্। মোবাইলটাই ভাইব্রেট করছে। ফোন? না, ভাইব্রেশনটা খুব অল্প সময় ধরে হল। তবে কি... ঋতব্রতের রোম খাড়া হয়ে যায়।

বিধাননগরে ট্রেনটা থামতেই প্রায় ছিটকে বেরিয়ে আসে ঋতব্রত। ধাক্কা বাঁচিয়ে প্ল্যাটফর্মের রেলিং ঘেঁষে দাঁড়ায়। মোবাইলটা বের করে। 'ইয়েস! এস.এম.এস।'

'আমি তোমাকে নিশ্চয়ই চিনি। তবে তুমি
চিনতে পারছ কিনা...? আচ্ছা ঠিক আছে
লেটস্ প্লে আ গেম। আমি তোমাকে তিনটে
ক্লু দেবো। চিনতে পারলে... ফাইন। কিন্তু না

পারলে, আমাকে আর পাবে না।—বুঝতে পেরো প্লিজ।'

ট্রেন লাইনগুলো হঠাৎ মাটি ছেড়ে শূন্যে ভেসে ওঠে। খানিক দূরে তাকায় ঋতব্রত। আস্তে আস্তে উড়ে যাচ্ছে বাজার, কালো রাস্তা, অটো, বাস! প্ল্যাটফর্মের কালো রাস্তাটা ঘাসে ঘাসে ভরে গেছে। ডিসেম্বরের এই শীতেও গাছগুলো ভরে আছে লাল-নীল-ফুলে। রাস্তার দু-পাশের সমস্ত গোমড়া দোকানগুলো আজ আইসক্রিম পার্লারে বদলে গেছে। ঋতব্রত একটা সিগারেট কেনে। আজ একটা দামি সিগেরেট খেতে ইচ্ছে করছিল, কিন্তু মাসের এখনও বারো দিন বাকি!

স্টেশন থেকে গৌরীবাড়ি যাওয়ার রোজকার এই একঘেয়ে রাস্তাটা, আজ কেমন যেন রহস্যে ভরে আছে। রহস্যের মধ্যে লুকিয়ে থাকা ওই অদ্ভুত ভালোলাগার স্বাদ ঋতব্রত কতদিন যে পায়নি। প্রায় সাড়ে তিন বছর। ঋতব্রত বিষাদ হাতড়ে তুলে আনে হিসেবখানা। এর আগে ও জানতই না ফেলুদার রহস্যজালের থেকেও আর একজন কী সাংঘাতিক রহস্য তৈরি করতে পারে! তাই ঋতব্রত ওর নাম দিয়েছিল মাকড়সা। শুনে হি হি করে হেসে ওঠে জিনিয়া।

—দারুণ আইডিয়া কিন্তু। হলিউড গিলে খাবে। স্পাইডার ম্যানের পর স্পাইডার ওম্যান! কিন্তু প্রবলেম আছে!

ঋতব্রত কিউরিয়াস চোখে তাকায়।

—কনসেপ্টে তোমার নাম দেওয়া যাবে না!

—কেন?

—কারণ এ কথাটা আমাকে আরও একজন বলেছে।

—কে?

—বলব না।

—বলো না?

—না।

—প্লিজ। আচ্ছা ছেলে না মেয়ে সেটা অন্তত বলো!

—হু-হূ—ম! ছেলে।

—কে?

—বললাম তো বলব না।

—প্লিজ প্লিজ প্লিজ!!

—তুমি তাকে চেনো।

—কে—?

—সে তোমার চেয়ে একটু স্মার্ট আর রাগি। গ্যেস করো তো, আচ্ছা যদি গ্যেস করতে পারো তাহলে তোমাকে আমি পরপর তিনদিন চুমু খাব। আর না পারলে আমি তোমার সাথে সাতদিন দেখা করব না।

ঋতব্রত চিন্তায় পড়ে যায়। নাম নিয়ে নয়, সাতদিনটা নিয়ে।

—পারলে না তো। যাক সাতদিন আর আমার দেখা পাবে না। ...আর উত্তরটা হল তুমি। আরে তুমিই তো বললে কথাটা একটু আগে!

জিনিয়া হাসতে থাকে। একটা বাস আসছে। জিনিয়া হাত দেখায়। বাস থামতেই দু-একজন লোক নেমে যায়। জিনিয়া বাসে ওঠার আগে ঋত্বতের কানের কাছে এসে বলে যায়

—তুমি রেগে গেলে স্মার্ট হয়ে যাও। সত্যি!

ঋত্বত বোকার মতো বাস চলে যাওয়া দেখে। সাতটা দিন। ১৬৮ ঘণ্টা। ৪২টা ক্লাস। কয়েক কোটি মুহূর্ত, সে একা আর জিনিয়ার সমস্ত রহস্যেরা। ঠেকে বন্ধুরা খিল্লি মারে। 'দু'দুবার রিজেক্ট হওয়া বয়ফ্রেন্ডের গার্লফ্রেন্ড টিকিয়ে রাখা যে কি চাপের ব্যাপার, যার হয়নি সে জানে না।'

সেই একটা রাত ঋত্বত, যে-কয়েক-হাজার রহস্যের মধ্যে আছাড় খেয়েছিল, ফেলুদা আর ব্যোমকেশকে তাদের সারা জীবনে, এর টু'পার্সেন্ট রহস্যও সমাধান করতে হয়নি।

৩

'আমার প্রিয় রং ব্ল্যাক।'

জিনিয়াকে কোনোদিনও ব্ল্যাক পরতে দেখেছে কিনা মনে করতে পারে না ঋত্বত। ও তবু চোখ বন্ধ করে দেখবার চেষ্টা করে। নাহ্‌। কালো ওড়না ছাড়া আর কিছুই ওকে পরতে দেখেনি ঋত্বত। একটা আকাশি রঙের বেসে সাদা ফুল-ছাপ চুড়িদারেই জিনিয়া বারবার ঘুরে ফিরে আসে ঋত্বতের স্বপ্নে। চুলে কী এক অদ্ভুত গন্ধ! টিংকুদার বিচ্ছিরি চায়ের দোকানটাও বরিস্তার ক্যাফে হয়ে যেত, আকাশে জিনিয়া দেখা গেলে। কিন্তু কালো! না, সে সময় কখনো আকাশ কালো হয়ে আসেনি, প্রতিটা রাতে স্ট্রিট লাইট উপচে পড়েছে জ্যোৎস্নায়। সত্যি এ বড়ো গোলমেলে ক্লু। সত্যি কথা বলতে কী, ঋত্বতের কখনো প্রশ্নটা জানবার প্রয়োজন হয়নি, কারণ সে কোনোদিনও জিনিয়াকে কোনো গার্মেন্ট গিফট করেনি। একবারই সিনেমা দেখাতে নিয়ে গিয়েছিল। বানসালির 'ব্ল্যাক'। জিনিয়ার একটুও ভালো লাগেনি।

—নামটাই তো কেমন মড়া মড়া। সিনেমাটাও তেমনি ন্যাকা ন্যাকা...ধুর, এক কাঁড়ি সময় নষ্ট!

ঋত্বত অপরাধবোধে কুঁকড়ে যায়।

—আচ্ছা তোমার কেমন লেগেছে?

এবার ঋত্বত ঝামেলায় পড়ে যায়। আর যাই হোক সত্যিটা বলা

যাবে না।

—আমার! আমারও ভালো লাগেনি, শুধু রানি মুখার্জি ছাড়া...

—আমি জানতাম।

জিনিয়া লাফিয়ে ওঠে, যেন অনেক দিনের বাক্সবন্দি কেস জাস্ট একটা প্রশ্নেই সলভ্ করে ফেলল ও।

—আচ্ছা তুমি কি কবিতা-টবিতা লেখো?

ঋত্বত আঁৎকে ওঠে—

—না-না, কক্ষনোও না, কোনোদিনও নয়!

ঋত্বত নিশ্চিত, ফার্স্ট ক্লুটা জিনিয়ার নয়।

—ঋত্বতদা, তোমার ফোন!

তন্দ্রা চটকে যায় ঋত্বতের। তন্ময় রিসিভারটা টেবিলে নামিয়ে রাখে। ফোন তুলে নেয় ঋত্বত।

—হ্যালো!

—ঋত্বত, আমি স্বরূপ বলছি।

—হ্যাঁ, স্যার বলুন।

—অনিমেষ কোথায় গো?

—দাদা বাইরে আছেন। কিছু বলতে হবে?

—কী আর বলবে, তোমরা তো মাল নেওয়ার পর আমাদের ভুলেই যাও। আজ পনেরো দিন হয়ে গেল একটা পয়সা ঠেকায়নি। আর্জেন্ট মাল নেওয়ার সময় তো অনেক বড়ো বড়ো কথা বলে। পেমেন্ট করার বেলাতেই যত... ওকে বলো আর কতদিন চলবে চিটিংবাজি করে! আর এরপর আর্জেন্ট ডেলিভারি নেওয়ার সময় কীভাবে পেমেন্ট ছাড়া মাল নিয়ে যায় আমিও দেখব। সমস্ত ডিলার বন্ধ করে দেবো।

ঋত্বতের বিরক্ত লাগে। এই এক প্রতিদিনের ঝামেলা!

—দাদার মোবাইলে ফোন করেননি?

—ধুর, শালা ফোন কেটে দিয়ে বন্ধ করে রেখেছে। আর অফিসে তোমাদের দিয়ে ফোন ধরাচ্ছে।

—দাদা সত্যিই অফিসে নেই।

—থামো তো, দুপুরবেলায় কোথায় মাড়াতে গেছে? শোনো বাবু আমিও ব্যবসা করেই দুছেলের বাবা হয়েছি, আমাকে শেখাতে...

—দাদার আরো একটা নম্বর আছে। লিখে নিন, কথা বলে নেবেন।

শব্দ করে রিসিভারটা নামিয়ে রাখে ঋত্বত। তন্ময় মিচকে হাসে।

—স্বরূপদা না?

—হ্যাঁ।

ঋত্বত নিজের টেবিলে ফেরে।

—অনিমেষদার প্রাইভেট নম্বরটা দিয়ে দিলে?

—দেবো না! আমি ফালতু খিস্তি খেতে যাব কেন? অ্যাকাউন্টে টাকা ক্লিয়ার হয়ে গেছে দিয়ে দে! না!

—শালা খারুশ!

নামটা তন্ময়ের দেওয়া। সত্যিই তো তিন হাজার মাইনে বলে দু'হাজার সাতশো যে দেয় তাকে আর কিই বা বলবে!

—তন্ময়, সাউদের ওখানে কাজ হয়ে গেছে? খবর নিয়েছিলি?

—না, ওদের তো এখানেই ফেরার কথা! আগের নাকি একটা পেমেন্ট বাকি আছে?

—আজ হবে না। দাদা ক্যাশ রেখে যায়নি।

টেবিলে রাখা মোবাইলটা একবার দেখে নেয় ঋতব্রত। 'ব্ল্যাক কি সত্যিই পছন্দ করত জিনিয়া?' কম্পিউটারের কালো ক্যাবিনেটটার দিকে তাকিয়ে একই প্রশ্ন ঘুরিয়ে, ফিরিয়ে, লাফিয়ে লাফিয়ে ওঠে ওর মনে। না, ব্ল্যাক কখনই জিনিয়া পছন্দ করত না। না হলে যে ফিল্ম দেখে ঋতব্রত চশমা নামিয়ে দু-বার চোখ মুছেছে, সে ফিল্ম কিনা ন্যাকা ন্যাকা! অসম্ভব, এ জিনিয়া নয়।

আচ্ছা মানুষের রুচিও তো পরিবর্তিত হতে পারে তিন বছরে? অন্তত জিনিয়ার পক্ষে তা সম্ভব। ভ্যানিলা ছিল আইসক্রিমের মধ্যে জিনিয়ার সবচেয়ে পছন্দের। একদিন 'টেস্টি' তে খেতে বসে ভ্যানিলার অর্ডার দিতেই ও বলল

—না আমি ভ্যানিলা খাব না। চকোলেট।

—সে কী! তোমার ফেভারিট…

—না, কাল থেকে ওটা চেঞ্জ করলাম!

ঋতব্রত ভ্যাবলার মতো তাকিয়ে থাকে। চকোলেট এমনিতেই দু'টাকা বেশি, তার উপর কাপ না থাকলে কোনের দাম অন্তত ছ'থেকে সাত টাকা বেশি হবেই! মানুষের পছন্দ এত তাড়াতাড়ি পালটায়।

—দাদা, আমি খেতে যাচ্ছি। ওরা আসলে বসতে বলো।

তন্ময় সাইকেল বের করে। ঋতব্রত তন্ময়কে একবার ডাকে—

—তন্ময় আমার জন্য একটা চা বলে যাবি?

বছর শেষের সময় ক্রমাগত এগিয়ে আসছে। হিসেব গুছিয়ে ফেলতে হবে দ্রুত। অগোছালো জীবনের খেসারত ঋতব্রত অনেক দিয়েছে। আগের বছর হাজার টাকা ভাউচার সই না করেই অনিমেষ গাড়িতে তেল ভরবে বলে নিয়েছিল। মাস তিন পর হিসেব মেলাতে গিয়ে অনিমেষ সম্পূর্ণ অস্বীকার করে।

—আমি গাড়িতে তেল কোনোদিন তোর ক্যাশ থেকে নিইনি ঋতব্রত। একটু মন দিয়ে কাজ কর! মাস গেলে মাইনে থেকে এইগুলো কেটে নিলে

খাবি কী?

অনিমেষ দাঁড়ায় না। নিজের কেবিনের দিকে চলে যায়। দরজা ঠেলে ভেতরে অদৃশ্য হয়ে যায়। ঋতব্রত তাকিয়ে থাকে মাসের মাঝখান থেকে অন্য মাসের প্রথম দিনটার দিকে।

টেবিলের উপর রাখা মোবাইলটা ভাইব্রেট করছে। আবার একটা এস.এম.এস। … ফাঁকা! পুরো ব্ল্যাঙ্ক একটা এস.এম.এস। ঋতব্রত মজা পায়। স্ক্রোল শুরু করে। ও জানে এরপর কিছু আছেই। স্ক্রিনের শেষ প্রান্তে ডানদিকে করে লেখা—'—সেকেন্ড ক্লু!' ঋতব্রত সঙ্গে সঙ্গে নম্বরটাকে ডায়াল ইউজে নিয়ে আসে। ও প্রান্তে রিং শুরু হয়। ঋতব্রতের শরীরে রক্ত চলাচল যেন হঠাৎ বেড়ে যায়। রিং হয়েই চলেছে একবার-দুবার-তিন— 'আপনার ডায়াল করা নম্বরটি এখন ব্যস্ত আছে, অনুগ্রহ করে কিছুক্ষন পরে...' শরীর শান্ত হয়ে আসে। ফোনটা টেবিলে নামিয়ে রাখে ঋতব্রত। চোখ টেবিলের তলায়।

তন্ময় অফিসে ফেরে। ঋতব্রত ফিরতে পারে না, এলোমেলো ভেসে যায় জিনিয়ার ফুল ছাপ আকাশে।

—এর মানে কী?

জিনিয়া হাসে, উত্তর দেয় না। সেদিন রাত বারোটায় হঠাৎ একটা ব্ল্যাঙ্ক এস.এম.এস। 'জিনিয়া এত রাতে?' ঋতব্রত ফোন করে, জিনিয়া ফোন কেটে দেয়। এই নিয়ে পরপর তিনবার। আচ্ছা মুশকিল। 'ফোনটা ধরবে তো!' পরদিন কলেজে দুটো ক্লাস মিস করে তিন তলায় জিনিয়ার অনার্স ক্লাসের পরে ধরে ঋতব্রত।

—আচ্ছা, এর মানে কী?

জিনিয়া হাসে।

—এমনি। তোমাকে একটু বিরক্ত করছিলাম।

কিছু একটার ঘ্যা-ঘ্যা শব্দ হচ্ছে। ঋতব্রত আশেপাশে তাকায়। তন্ময় টেবিলে নেই। অনিমেষদার কেবিনে। 'অনিমেষদা চলে এসেছে!' চোখ টেবিলে ফিরিয়ে আনতে-আনতে মোবাইলের দিকে চোখ পড়ে ঋতব্রতের। আরও একটা এস.এম.এস ঋতব্রতের পড়ে ফেলার অপেক্ষায়।

'আই অ্যাম ইন অফিস। প্লিজ
কল মি আফটার এইট পি.এম. ।'

—হ্যালো!

—আমার কেবিনে একবার আয় তো।

ঋতব্রত উঠে পড়ে। তন্ময় একবার মুখ টিপে হাসে। চোখের ইশারায় ঠাট্টা করে অনিমেষকে নিয়ে। অনিমেষ একগাদা বিল সারা টেবিলে ছড়িয়ে বসে আছে। ঋতব্রত ঢুকতেই একবার চোখ তুলে দেখে।

—ব্যাঙ্কে গিয়েছিলি?

—হ্যাঁ।

ঋতব্রত পাসবুকটা এগিয়ে দেয়।

—আপ-টু-ডেট করে নিয়ে এসেছি।

অনিমেষ পাসবুকটার শেষ পাতাটায় চোখ বোলায়।

—সাউদের ওখানে কাজ হয়ে গেছে। মেকানিক দুটো আসবে। ওদের আজ কিছু পেমেন্ট করে দিস।

—কিন্তু দাদা, আমার কাছে তো ক্যাশ নেই।

অনিমেষ ড্রয়ার থেকে দুটো পাঁচশো টাকার নোট বের করে টেবিলে রাখে।

—এটা দিবি, আর বলবি পরে বাকিটা দেবো।

ঋতব্রত মাথা নেড়ে টাকাটা তুলে নেয়।

—স্বরূপ ফোন করেছিল?

—হ্যাঁ।

—ওকে আমার বাড়ির নম্বর কে দিয়েছে?

—আমি।

অনিমেষ চোখ তোলে, ঋতব্রত চোখ নামিয়ে নেয়।

—তোকে কে বলেছিল দিতে?

—ও ফোন করে গালাগালি করছিল।

—তাই বলে তুই নম্বরটা দিয়ে দিবি? এসব হ্যান্ডেল করতে শিখলি না এখনও। আর শোন, এটা না প্রাইভেট কোম্পানি, সরকারি অফিস নয়, এখানে থাকতে হলে খিস্তি শোনবার প্র্যাক্টিস করে এসো।

—আমার গালাগালি শোনবার অভ্যেস নেই।

ঋতব্রতের চোয়াল শক্ত হয়।

— কাল থেকে গালাগাল শোনবার অভ্যাস করতে পারলে এই অফিসে এসো, না পারলে আসবার প্রয়োজন নেই।

অনিমেষ স্ট্রেট ওর দিকে তাকায়।

ঋতব্রত আর কোনো কথার অপেক্ষা করে না। সোজা নিজের টেবিলে ফিরে আসে। আরাম করে বসে। একটা আনন্দ হচ্ছে। মুক্তির আনন্দ। ...মোবাইলটা আবার ভাইব্রেট করছে। চেয়ারে শরীরটা একটু এলিয়ে

দিয়ে মোবাইল বের করে ঋতব্রত।

"থার্ড ক্লু।

পুজোর চার দিনের মধ্যে, সপ্তমী আমার ফেভারিট।"

শরীর শিথিল হয়ে আসে ঋতব্রতের। সাড়ে তিন বছর আগে তারও মনে হয়েছিল সপ্তমীই তার ফেবারিট। সকালে টুকাই মেসেজটা দেয়।

—জিনিয়াদি সন্ধ্যার সময় টিংকুদার দোকানের সামনে দাঁড়াতে বলেছে।

টুকাই জিনিয়ার স্টুডেন্ট। ঋতব্রত লাফিয়ে ওঠে। বাপ্পা সঙ্গে সঙ্গে অ্যানাউন্স করে—

—আজ চায়ের পয়সা ভচকা দেবে।

অন্য দিন বাপ্পা ঋতব্রতকে 'ভচকা' বললে গুনে গুনে চারটে খিস্তি খেত।

—কিন্তু সিগারেটের পয়সা দেবো না, আর রাজার চায়ের দাম আমি দেবো না।

রাজা হাসে, কোনো উত্তর দেয় না। শালা ভুল-ভাল খবর নিয়ে আসে কোথেকে। ও নাকি কাল দীপব্রতের সঙ্গে জিনিয়াকে ঘুরতে দেখেছে হেদুয়াতে। বাপ্পা ওর নাকটা রাজার মুখের সামনে নিয়ে এসে বার কয়েক শুঁকে বলে—

—বাওবা তুমি কি আজকাল গাঁজাও টানছো নাকি!

হ্যাকোল খালি হাসে।

দুপুরটা কোনোক্রমে বাড়িতে কাটিয়ে বিকেলেই টিংকুদার দোকানে এসে হাজির ঋতব্রত।

—আরে রাজা তুই!

—আয় বোস, চা খা।

ঋতব্রত একটু অবাক হয়। ঘড়ি দেখে। ছটা বাজতে এখনও ঘণ্টা দেড়েক বাকি। যাই হোক, ভালোই হল, এ সময়টুকু আড্ডা মারা যাবে।

—তুই কোথাও যাবি না আজ?

—না।

রাজা হাসে। ঋতব্রত একটু বিরক্ত হয়। হয়তো অকারণেই, তবু হয়। সেই কাল থেকে শুরু করেছে ও। কাল সন্ধ্যায় হঠাৎ এসে বলে—

—জিনিয়া কোথায় রে ঋত?

—কেন?

—বল না।

—জানি না, বলছিলো তো ওর বাবাকে হাওড়া থেকে আনতে যাবে। ওর বাবা আজ গুয়াহাটি থেকে ফিরবে। এবার নাকি পাকাপাকিভাবে চলে আসছে এখানে!

—কী ব্যাপার রে রাজা?

—আমি কি তাহলে ভুল দেখলাম। আসলে হেদুয়াতে আমি জিনিয়াকে দেখলাম বলে মনে হল, সঙ্গে ফাইনাল ইয়ারের দীপব্রত।

ঋতব্রত যেন সুনামির ধাক্কায় কেঁপে ওঠে। 'জিনিয়া...!!!' দীপব্রতের সঙ্গে জিনিয়াকে সে বহুদিন কলেজে আসতে দেখেছে। দীপব্রত জিনিয়াদের পাড়াতেই থাকে। জিনিয়ার দাদার বন্ধু। 'সেই জন্য... কখনো কখনো রাস্তায় বা বাসে দেখা হলে আমরা এক সাথে আসি। জাস্ট এই... আর কিছু নয়।'— জিজ্ঞেস করাতে বিরক্ত হয়ে এই বলেছিল জিনিয়া। ঋতব্রত আর ঘাঁটায়নি। তবে আজ মিথ্যে বলল কেন?

ঋতব্রত ফোনটা বের করে ডায়াল করে নম্বরটা। ও প্রান্তে রিং শুরু হয়। এক-দুই তিন। 'আপনার ডায়াল করা নম্বরটি ব্যস্ত আছে। অনুগ্রহ...' আরো দু'বার চেষ্টা করে ঋতব্রত। এক কাণ্ড। ফোন কেটে দিচ্ছে। শেষে একটা এস.এম.এস আসে

'আই অ্যাম বিজি, কল মি আফটার এইট'

পরের দিন সকালবেলা বারোটা পর্যন্ত অন্তত বারোশো বার ফোন করেছে ঋতব্রত। ফোন বন্ধ। শেষে টুকাই ফোন করে খবর দেয়। আচ্ছা, মানুষের সুবিধা-অসুবিধা বলেও তো কিছু থাকে!

ঋতব্রত আরো একবার ঘড়ির দিকে তাকায়। সাড়ে আট-টা। রাজা আর এক রাউন্ড চা বলে। বাকিরা কেউ আসেনি। সবারই প্রোগ্রাম ছিল আগে থেকে।

—একবার ফোন করব রে ওকে?

—কর।

রাজা চায়ের গ্লাসটা এগিয়ে দেয়।

—তোর ফোনে ব্যালেন্স আছে রে?

রাজা ফোনটা দেয়। জিনিয়ার ফোন বন্ধ।

—একটা কাজ কর, টুকাইকে ফোন করে জান যে ও ঠিক কোন সময় বলেছে।

এটা ভালো আইডিয়া। ঋতব্রত টুকাইকে ফোন করে।

—দিদি বোধহয় আজ যাবে না। অন্য কোথাও যাবে।

—কোথায় যাবে রে?

—ঠিক জানি না, তবে দীপদাদের সঙ্গেও যেতে পারে। ওরা আজ গাড়ি করছে।

ঋতব্রত বেঞ্চির উপরেই ফোনটা নামিয়ে রাখে। সোজা রাস্তাটার যত দূর দেখা যায়, ক্রমশ ঝাপসা হয়ে আসছে। তবে কি বৃষ্টি নামল ঝাঁপিয়ে?

—দাদা আসব?

—আয়।

—টাকাটা। ওরা আসেনি আজ। ওদের ভাউচারগুলো রেডি করেই রেখেছি কাল দিয়ে দেবেন।

—দিয়ে দেবো মানে?

—কাল আমি না-ও আসতে পারি।

—কেন?

—আমি একটু ভেবে দেখতে চাই। যে শুধু গালাগালি খাওয়ার জন্য চাকরিটা করতে পারব কিনা!

৫

এ রাস্তাটা বাসে গেলে খুব জোর দশ মিনিট লাগে। হেঁটে মোটামুটি আধঘণ্টা। ঋত্ব্রত ওই কুড়ি-পঁচিশ মিনিট বাঁচানোর থেকে ছয় টাকাটা বাঁচানোই ভালো বলে মনে করে। গৌরীবাড়ি ব্রিজে উঠতে উঠতে একটা সিগারেট ধরায়। আটটা বাজতে আর পাঁচ মিনিট বাকি। তার শরীর ক্রমশ হালকা হয়ে যাচ্ছে। আর খানিকটা হালকা হলেই যেন আকাশে উড়ে যেতে পারবে।

ব্রিজ থেকে সিগারেটের কাউন্টারটা নিচের খালে ফেলে দিয়ে ফোন বের করে। নম্বরটা ডায়াল করে। কালার স্ক্রিনে ভেসে আসে নামটা। 'মিসটিরিয়াস।' বিপ্-বিপ্... আজ শীতটা বড্ড বেশি। ঠান্ডায় হাতের আঙুলগুলো সব অসাড় হয়ে আসছে। রিং-রিং-রিং...

—গুড ইভিনিং স্যর!

—হ্যালো!

—হ্যাঁ, বলুন স্যর।

—আসলে আজ সকালে থেকে কিছু এস.এম.এস এসেছে এই নম্বর থেকে। কে পাঠিয়ে...

—আপনার নামটা কাইন্ডলি বলবেন স্যর?

—ঋত্ব্রত সেন।

—আপনার ফোন নম্বর।

—নাইন-থ্রি...

—ওকে স্যর। স্যর, আজ আপনার জন্মদিন। আপনার এক বন্ধু আপনাকে সারপ্রাইজ করতেই এস.এম.এস-গুলো পাঠিয়েছেন। ওতে তিনটে ক্লু ছিল...

—তার নামটা কি!

—স্যর এটা সিক্রেট। আপনার কাছে আজ রাত বারোটা পর্যন্ত সময় আছে, if you can name the person, আপনি জিতে যাবেন আমাদের পক্ষ থেকে একটা...

ফোনটা কেটে দেয় ঋত্ব্রত। ব্রিজ থেকে নেমে আসতে আসতেই শীতটা

যেন উধাও হয়ে গেল। কানের লতিতে ঘাম জমে আছে। ঋতব্রত আকাশের দিকে তাকায়। সত্যিই কি শীত চলে গেল! কিন্তু বিজ্ঞাপনগুলো তা বলে না। 'শীতের আমেজ নিন। আমাদের সঙ্গে' লাল-নীল সোয়টারে মোড়া বিজ্ঞাপন। ঋতব্রত হাসে, খালি হাসে। এই উষ্ণ শহরটার বুকে সোয়েটারের বিজ্ঞাপন বড্ড বেমানান!

পরলেই রাজা

'চটিটারও এখনই ছেঁড়বার ছিল?' এমনিতেই আজ লেট সমরেশ। নটা দুই-এর শান্তিপুর এল পাক্কা পৌনে এক ঘন্টা লেট। ফলাফল দু-দুটো ট্রেন ছাড়তে হয়েছে। শেষমেষ পৌনে দশটা নাগাদ ব্যারাকপুরের দরজায় ঝুলে, এগারোটায় শিয়ালদা। অফিসে সেরকম কোনো কল টাইম না থাকলেও নতুন বস তাপস চৌধুরী ঢোকার আগে না পৌঁছালে কতগুলো নরকবচন শোনানোটাই এখন কোম্পানির ট্রেন্ড হয়ে দাঁড়িয়েছে। বড়ো চৌধুরী সাহেবকে বোঝালে তাও তিনি খানিক ক্ষমা-ঘেন্না করতেন, কিন্তু তাপস স্যর ! আর এই অবস্থায় গ্রে স্ট্রিটে ঢোকার মুখেই ফুটপাথে শিবলিঙ্গের মতো মাথা উঁচু করে থাকা একটা পাথরে হোঁচট খেয়ে দেড়শো টাকার চপ্পলটা ছিঁড়ল। সাড়ে সাত হাজার টাকার মাসিক সংসারে সমরেশ বরাবরই চেষ্টা করে এমন একটা চটি কিনতে যা গ্রীষ্ম, বর্ষা বা শীতে অল-ইন-ওয়ান। কেবল কোনো অনুষ্ঠান বাড়ি এসে পড়লেই খানিক অসুবিধায় পড়তে হয় তাকে। তখন সম্বল এক মগ জলে খানিক ডিটারজেন্ট আর একটা ছেঁড়া গামছার টুকরো। ঘষে-মেজে নতুনের মতো করে নিয়ে মুখরক্ষার চেষ্টা করতে হয়। আর প্রতিবারই রুন্নু বিরক্ত হয়ে বলে, 'সামনের মাসে মাইনে পেলে একটা জুতো কিনো। তোমার সঙ্গে লোক-সমাজে বেরোতে আমার লজ্জা করে।' সমরেশের সঙ্গে অনেকেরই অনেক কিছু করতে লজ্জা করে বলে শুনেছে এই একচল্লিশ বছর বয়স পর্যন্ত। তাই রুন্নুর কথা আর নতুন করে ভাবায় না ওকে। 'পৃথিবীতে কিছু মানুষ আছে, যারা সারাটা জীবন বেহায়া বা নির্লজ্জ হবার ভান করেই কাটিয়ে দেয়।' রুন্নু বিছানায় বেশি রাতে নিজে নিজেই গজগজ করে। সমরেশ মেয়ের পাশে শুয়ে মুখ হাঁ করে ঘুমানোর চেষ্টা করে।

ঝিরি ঝিরি বৃষ্টির মধ্যে অন্তত হাফ কিলোমিটার বাঁ পা-কে ঘষটে ঘষটে অফিস বিল্ডিং-এর দিকে নিয়ে যাওয়ার ফলে কেনে আঙুলটায় বেশ ব্যথা করছে। কিছুদিন আগে রাস্তায় একটা অটো চাপা দিয়েছিল ঠিক এই আঙুলটাতেই।

—আজও লেট মনে হচ্ছে দাদা!

ভেজা ছাতা বন্ধ করতে করতে লিফট ম্যানের প্রশ্নের উত্তরে সামান্য হাসে সমরেশ। অন্যদিন হলে ছ-তলায় সিঁড়ি ভেঙেই উঠতো। টি ভি-তে দেখে এতে নাকি হার্টটা ভালো থাকে।

বৃষ্টির ছাঁটে ভেজা জামা গায়ে হঠাৎ করে এসি-তে ঢুকলে গা-টা কেমন ছ্যাঁৎ করে ওঠে। বক্সিবাবু দরজা খোলার ক্যাচ শব্দটা শুনে মাথা ঘুরিয়ে চশমার তলা দিয়ে একটিবার মাত্র দেখেই কোম্পানির লম্বা ভ্যাট রেজিস্টারে আবার মাথা গুঁজে দিলেন।

—বক্সিদা, অ্যাটেনডেন্স খাতাটা কোথায়?

খাতাটা সঠিক জায়গায় না পেয়ে হেড-অ্যাকাউনটেন্ট রণেন বক্সিকে জিজ্ঞেস করে সমরেশ।

—আজ তো আর আপনার হবে না।

সমরেশের দিকে না তাকিয়ে উত্তর দিলেন বক্সি।

—কেন দাদা? ট্রেনটা আজ ভোগালো বলে, নইলে আমি তো রোজই... সমরেশ কনভিন্স করাবার ভঙ্গিতে বলে। বক্সিদা আঙুল তুলে পিছনের দেওয়ালের দিকে নির্দেশ করে।

—কালকের নোটিস দেখেননি?

গতকাল সন্ধ্যায় তার বসার টেবিলের ঠিক উলটোদিকের আকাশি রঙের দেওয়ালে চৌধুরী সাহেব অফিসের লেটার হেডে ছ-লাইনের একটা নোটিস যখন সেঁটে দিয়ে গেলেন, মেচেদার শিবুর তখন মাঝ রাত হয়ে গেছে। শিবুর মতো যারা দূরে থাকে তারা একটু একটু করে বেরোবার ধান্দায় এদিকে ওদিকে ঘুরেছে। তাদেরই একজন, দত্তপুকুরের অসীমদা সমরেশের কাছে এসে জানাল,

—নাহ, এই কোম্পানিতে আর মনে হয় না বেশি দিন কাজ করা যাবে, বুঝলে সমরেশ।

—কেন দাদা? আবার কী হল? আজও ছাড়ল না বস? আরে তোমরা ছ-টা-বাইশ মিস। বক্সিদার মাথার উপর টাঙানো ঘড়িটা দেখে নিয়ে খোঁচাটা দেয় সমরেশ।

—আরে ছাড়ো তোমার ছ-টা-বাইশ। যাও দেখে এসো, ওই দেওয়ালে কী নোটিস চিপকে দিয়ে গেছে তোমাদের 'বস'।

—কী হয়েছে আবার?

—যাও না, নিজে গিয়েই একবার দেখে এসো। শালা অফিসে আসবে টাইম মতো, কিন্তু কখন এই শুয়োরের খোঁয়াড় থেকে ছাড়া পাবে তার...

গজগজ করতে করতে অসীমদা নিজের টেবিলে গিয়ে অফিসের ব্যাগটা গুছিয়ে নেয়। সমরেশ এগিয়ে যায় দেওয়ালের দিকে। ইংরাজিতে লেখা ছ-লাইনের মোদ্দা বাংলাখানা হল যে, এবার থেকে অফিসে এক মাসে তিনদিন লেট হলে তিনদিনের মাইনে কাটা যাবে। মানে পুরো সাড়ে সাতশো টাকা মাইনে থেকে ভ্যানিশ। আর সন্ধে ৭.৩০টার আগে বিশেষ পারমিশন

ছাড়া অফিস ছেড়ে বেরোনো যাবে না। সমরেশ হাসে। সন্ধে সাড়ে সাতটার বাড়ির রাস্তা রোববার ছাড়া তার দেখা হয়নি বোধহয় বছর ছয়েক!

—হ্যাঁ দেখেছি, কিন্তু আজকের জন্য কিছু করা যায় না দাদা। আপনি একটু খোঁজ করে দেখুন, যদি সত্যি না ট্রেন লেট করে থাকে!!

—আমাকে কোম্পানি আপনার পিছনে টিকটিকি করবার জন্য রাখেনি। আমি খাতা দিতে পারব না। যান বসের পারমিশন নিয়ে আসুন, আমি খাতা বের করে দিচ্ছি।

চৌধুরী স্যরের দরজায় কী এক সাদা প্লাস্টিকের মতো সাঁটা আছে যাতে ভেতরটা দেখা যায় না ঠিক মতো। দরজার সামনে দাঁড়িয়ে ঢুকবে কি ঢুকবে না করতে করতে দরজায় একটা টোকা মারে সমরেশ।

—আসব স্যর?

—আসুন।

—স্যর

—কী ব্যাপার বলুন। ও আপনি, এতক্ষণ কোথায় ছিলেন। দু-দুবার আপনাকে ডেকে পাঠালাম পেলাম না।

—না মানে স্যর, আজ ট্রেনটা এত...

—লেট তো?

—হ্যাঁ স্যর।

—আচ্ছা আমি আপনাকে আজ থেকে রিলিজ করে দিচ্ছি। আপনি পারলে আজ দুপুর থেকে রেলের ম্যানেজমেন্টে লেগে যান। যেদিন থেকে ট্রেন আর লেট করবে না সেদিন থেকে চলে আসবেন অফিসে। ব্লাডি লায়ার।

—না, স্যর আমি সত্যি বলছি—

—থামুন। এ মাসে ছটা লেট আপনার। ভবানীপুর থেকে একটা পেমেন্ট আনতে আপনার সারাদিন কেটে যায়। আপনি ভাবেন যে অফিসে আমি কিছু টের পাই না?

—স্যর ভবানীপুর যেতে আসতে তো সময়...

—কীভাবে যান ভবানীপুর?

—বাসে স্যর।

—গত বৃহস্পতিবার কীসে গিয়েছিলেন?

সমরেশ থামে। বুঝতে পারে না, সত্যি বলবে না মিথ্যে। কালেকশনে বেরোলে বাস ভাড়া বাঁচানোটা প্রায় অভ্যাস হয়ে গেছে ওর। বেশি বাঁচে না! তবু দুপুর বা সন্ধ্যার টিফিনের ঘুগনি পাউরুটিটা তো হয়ে যায়। আর কোনো কোনো দিন খাওয়ার সময় না পেলে প্ল্যাটফর্মে নেমে মেয়ের জন্য দুটো মোসাম্বি বা পেয়ারা কিনে নিয়ে বাড়ি ফিরে, কখনও বা রুন্নুর জন্য

এক প্যাকেট নিমকি।

—বাসে স্যর।

—তাহলে এক্সাইড মোড়ে চা খেলেন কীভাবে? বাসের টায়ার লিক হয়েছিল। নাকি ড্রাইভার টায়ার্ড হয়ে রেস্ট নিচ্ছিল আপনাকে এক্সাইডে নামিয়ে।

—না না স্যর, আসলে সেদিন ভবানীপুরে কী এক মিটিং-এর জন্য বাস...

—চুপ করুন মিস্টার রায়। মিথ্যে বলতে আপনার লজ্জা করে না! আপনার মেয়েকে কী শেখাবেন? আজ আপনি অ্যাবসেন্ট থাকবেন। যান। কাল থেকে সময় মতন আসলে আসবেন, না হলে এই মাসটাই আপনার শেষ।

সমরেশ কথা বাড়ায় না, সত্যি অসীমদা কাল ঠিকই বলছিল, এখান থেকে আর বেশিদিন ডাল-চালের সাপ্লাই রাখা যাবে বলে মনে হয় না।

—ও শুনুন।

চৌধুরী সাহেব পিছু ডাকেন।

—আজ একবার 'দেবদারু এস্টেট'-এ যাবেন তো। কী একটা ক্যাচাল হচ্ছে। আজ সকাল থেকে নাকি কাজ বন্ধ, গিয়ে রিপোর্টটা আনুন। খাতায় সই করলেন না বলে আবার কেটে পড়বেন না।

—দাদা চা।

ড্রয়ারের ভেতর থেকে একবার মুখখানা তুলে আবার ঢুকিয়ে দেয় সমরেশ। এখানেই একটা সেফটিপিন রেখেছিল বলে মনে আছে। টেবিলের তলাতেই খুঁজে পেয়েছিল বেশ কয়েক সপ্তাহ আগে। যেহেতু তার ড্রয়ারে তালা দেওয়ার কোনো সিস্টেম নেই, ফলে যে কেউ এসে ড্রয়ারে দরকারে অ-দরকারে হাত গলায়। সেফটিপিনের মতো অমন মহার্ঘ্য বস্তু হাতে পেয়ে কেউই ছেড়ে দেবে বলে মনে হয় না। কিন্তু নিজের দরকারে সে কিছুই পায় না। জুতোটায় আপাতত একটা তাপ্পি না মারলে আজ বেশি হাঁটাহাঁটি করা অসম্ভব।

এই অফিসে একমাত্র রতনের কাছেই সেলাই করবার সুচ থেকে শুরু করে নানান সাইজের সেফটিপিন, সবই পাওয়া যাবে। বক্সিদার টেবিল পেরিয়ে অফিসের ঢোকার মুখেই রতন বসে। সমরেশ রতনকে 'দাদা' বলেই ডাকে। বয়সে প্রায় এক হলেও এই লোকটাই অফিসের একমাত্র জায়গা যার কাছ থেকে দুটো ভালো পরামর্শ পাওয়া যায়।

—বক্সিদা, কসবা যেতে হবে, আমার জন্য টি এ-র একটা স্লিপ করে দেবেন।

রতনের কাছে যেতে যেতে বক্সিদাকে কথাটা ছুড়ে দেয় সমরেশ।

—এবার থেকে বাসের টিকিট দেখিয়ে টাকা নিয়ে যাবে। বসের হুকুম।

কথাটা শুনে থমকে দাঁড়িয়ে পড়ল সমরেশ।

—মানে? বস নিজে আমায় যেতে বলেছে।

—তবে যাও স্লিপটা তার কাছ থেকেই সই করে নিয়ে এসো।

এ তো মহা বিপদ! পকেটে যা পয়সা আছে তাতে খাবে কী, আর জুতোটা যদি সারাতে হয়! আর কসবা কি এখানে...

—দাদা আমি তো এই নতুন নিয়মটা জানতাম না, ফলে আজ বেশি টাকা নিয়ে অসিনি। কাল থেকে...

—এটা নতুন নিয়ম নয়। শুধু তোমার ক্ষেত্রেই এটা চালু হয়েছে। আর কেউ এখনও তোমার মতো ধরা পড়েনি তো! যেদিন পড়বে সেদিন থেকে তাদের ক্ষেত্রেও এই নিয়ম চালু হবে।

বক্সিদার এটা ধরন। যখন কাউকে বেধড়ক অপমান করবে বলে ঠিক করে, তখন সে হঠাৎ করে 'আপনি' থেকে 'তুমি'তে নেমে আসে।

—দ্যাখো, পকেটে পয়সা না থাকলে কারো থেকে ধার করো। তোমার তো আর সাগরেদ কম নেই।

সমরেশ আর কথায় বাড়ায় না। 'কথায় কথা বাড়ে।'

রতনদা নিজের টেবিলে কিছু বিল নিয়ে বসে আছে।

—তোমার কাছে একটা সেফটিপিন হবে রতনদা?

—কেন কী হল?

—দেখো না, যাদবের চায়ের দোকানের সামনে হোঁচট খেয়ে চটিটা ছিঁড়ল।

বিল সরিয়ে রেখে নিচু হয়ে ভালো করে দেখে রতন।

—এর যা অবস্থা তাতে সেফটিপিনে কোনো কাজ হবে বলে মনে হয় না। পালটাও।

—কী আর পালটাবো দাদা। এখন একটা ভালো কোম্পানির প্লাস্টিকের জুতো কিনতে গেলেও অন্তত দুশো টাকার ধাক্কা। এ মাসে আর হবে না।

—কেন এখন তো দেখি চায়না চপ্পলগুলো রাস্তার ধারে কুড়ি-পঁচিশ টাকায় বিকোয়।

—তার যা গেট আপ! তার উপর স্কিনে যদি কিছু... আবার দেখো না আজ থেকে টি. এ. বিল বাসের টিকিট দেখালে তারপর পাবো। পকেটে মাত্র পনেরো টাকা পড়ে আছে। এখন যদি জুতোটা সারাতে যাই অন্তত দশ টাকা গচ্চা! পাঁচ টাকায় কী করে কসবা যাব-আসব বুঝতে পারছি না।

—হ্যাঁ, বক্সিদা তোমাকে বলছিল আমি শুনেছি। এক কাজ করো, আমি তিনশো টাকা দিচ্ছি, একটা নতুন জুতো কিনে নাও। তোমাকে তো খালি হাঁটাহাঁটি করতে হয়! বাকিটা দিয়ে যাতায়াত করো। যাও, এমনিতেই আজ ওয়েদার খারাপ, বেরিয়ে পড়ো। আর শোনো আজ আর হেঁটে মেরো না। কদিন একটু...

কথাগুলো বলতে বলতেই মানিব্যাগ থেকে তিনশোটা টাকা বের করে দেয় রতন। সমরেশ একটু ইতস্তত করে। যদিও এর আগে কখনো কখনো টাকা নিয়েছে সে রতনের কাছ থেকে, তবু আজ ভেতর থেকে গুটিয়ে যায়। এত অপমান এর আগে সে কখনও পায়নি।

—না না, দাদা, আমি টাকা চাইনি। আমার লাগবে না।

—রাখো। মাইনে পেলে চেয়ে নেবো। এই চটি পরে কি বর্ষার রাস্তায় হাঁটা যায়?

—আর ভালো লাগে না, দাদা। এই বয়সে কি আর চাকরি পাব? এটা ছাড়তে পারলে বাঁচতাম। শালা কী কপাল করেই না এসেছি। তার উপর ভগবান একটা ছেলেও দিলো না। মেয়ের বয়স পনেরো পেরোতে না পেরোতেই বিয়ের তোড়জোড় শুরু, কী কামাই যে তার থেকে দু পয়সা জমাবো! আমি তো আর হিসেবে গড়মিল করবার চাকরি করি না যে মেয়ের বিয়েতে পুরো একটা সেনকো গোল্ড কিনে দেবো!

বুক পকেট টাকাটা ঢোকাতে ঢোকাতে শেষ কথাটা একটু জোরেই বলে সমরেশ। রতনের টেবিল থেকে বক্সিদার টেবিলের দূরত্ব মেরে কেটে দশ গজ হবে।

২

শোরুমে ঢোকবার দরজা জুড়ে একজন লোক রাজার পোশাকে নতুন জুতো পরে একটা ঠ্যাং বাড়িয়ে বসে আছে। নিচে লেখা 'পরলেই রাজা'। বিজ্ঞাপনটা টিভিতে বেশ কয়েকবার দেখেছে সমরেশ। দরজা খুলতেই বছর পঁচিশের একটা ছেলে এগিয়ে আসে।

—আসুন স্যর, কী দেখাবো?

ছেলেটার গায়ে জুতো কোম্পানির দেওয়া একটা গেঞ্জি। এমনভাবে ছেলেটা এল যেন সে অনেকক্ষণ কোনো কাজ পায়নি। পুরো দোকানটা জুড়ে জনা দশেক কাস্টোমার ঘুরে বেড়াচ্ছে। যদিও তাদের বেশিরভাগই মহিলা। ছেলে-মেয়েদের স্কুলে দিয়ে এসে বা নিয়ে আসবার পথে টুক করে ঢুকে পড়েছে দোকানে। এদের হাবভাব বলছে সকলে জুতো কিনবেও না হয়তো।

—ভাই 'ওয়াশ অ্যান্ড ওয়্যার' জাতীয় কিছু পাওয়া যাবে?

—স্যান্ডাক। দাঁড়ান দেখছি।

ছেলেটা দোকানের একদম শেষ প্রান্তে গিয়ে সুরঙ্গের মতো একটা দরজার ভিতরে মুখ ঢুকিয়ে কারো সাথে কিছু কথা বলে, দুটো প্যাকেট হাতে ফিরে আসে।

—নর্মালি এই সময় স্যান্ডাক পাওয়া যায় না। মানে বের করা হয় না।

এবার হবে, আজ থেকে অল্প অল্প বৃষ্টি শুরু হল... কিন্তু এটা ঠিক স্যান্ডাক নয়, স্যর। পলিমারের তৈরি কিন্তু দেখতে একদম লেদার মনে হবে, স্যর।

—দাম কত?

সমরেশ জুতোটা হাতে নিয়ে উলটে পালটে দেখতে দেখতে প্রশ্ন করে। ছেলেটা প্যাকেট উলটে দাম জানায়

—দুশো, স্যর।

—কোনো ডিস্কাউন্ট নেই ভাই?

—না স্যর, আমাদের ফিক্সড্‌ প্রাইজ। এটা কিন্তু স্যর আপনাদের মতো অফিস স্টাফেদের জন্য দারুণ একটা জুতো। পায়ে দিয়ে একবার দেখুন না স্যর। খুব কমফরটেবল। আর এর ডিজাইনটা এমনভাবে করা হয়েছে স্যর যাতে আপনার পায়ের স্টেপ ডিস্টার্বড না হয়। এমনকী এবড়ো খেবড়ো রাস্তাতেও আপনি আপনার নর্মাল হাঁটা বজায় রাখতে পারবেন। আগে এসব জুতোর দাম ছিল অন্তত ছ'হাজার। এখন আমরা মধ্যবিত্তের নাগালের মধ্যে নিয়ে এসেছি এর দাম। স্যর, আপনি একবার হেঁটে দেখুন। দেখবেন আপনার পারসোনালিটিই পালটে গেছে। আপনি তো জানেন জুতো মানুষের ব্যক্তিত্বকে জাগিয়ে তোলে...

সমরেশ জুতোটা পায়ে গলিয়ে ট্রায়ালের জন্য উঠে দাঁড়ায়। বেশ নরম স্পর্শ। ছেলেটা ওর পেছনে আসতে আসতে অনর্গল বকে যাচ্ছে।

—যেমন দেখুন স্যর, ডন সিনেমায় যখন অমিতাভ বচ্চন সাদা বুট পরে ঢোকে তখন তার হাঁটার স্টাইল, পারসোনালিটি আর দিওয়ার-এ কোলাপুরি চটি পায়ে বচ্চনের পারসোনালিটির কোনো মিল আছে? ডন-এ ওকে কী দারুণ লাগছিল বলুন। এই দেখুন স্যর, আপনাকেও এই জুতোতে কী দারুন হ্যান্ডসাম...

—না ভাই আমাকে দেড়শো-র মধ্যেই কিছু দেখাও। দুশো বড্ড বেশি!

—স্যর, আপনি এই ছোটো ভাই-এর কথা শুনে একবার এটা কিনে নিন। ঠকবেন তো একবারই। আপনি এক সপ্তাহ পরে আমাকে এসে বলে যাবেন স্যর। রাস্তাঘাটে, ট্রেন-বাসে, অফিসে কেউ আপনাকে কিছু বলবার আগে অন্তত একবার হলেও ভাববে। আমি বিশ্বাস করি স্যর, জুতো মানুষের ব্যক্তিত্বকে মেলে ধরে। ভাবুন তো স্যর আপনি, আমাদের সি. এম তো সারা জীবন একটা সাদা হাওয়াই পরেই ঘুরে বেড়ায়, কিন্তু কী দাপুটে ব্যক্তিত্ব! মিলিয়ে দেখে নেবেন, কাল থেকে উনি অন্য স্টালিশ জুতো পরুক, পুরো ব্যক্তিত্বটাই হারিয়ে যাবে।

সমরেশ হাঁ করে শোনে ছেলেটার কথা। নতুন ঢুকেছে বোধহয় এই লাইনে। সেলস-এ নাম কামাতে চায়।

—স্যর, তাহলে প্যাক করে দিই।

সমরেশ শুধু মাথা নাড়ে।

—বিজয়দা, একটা বিল হবে। এস থ্রি চোদ্দো...

সমরেশ ছেলেটার কাঁধে হাত রাখে—

—এই লাইনে তোমার হবে, ভাই।

৩

একটা ফালতু কাজে আজ সারাটা দুপুর গেল। সিন্ডিকেটের ঝামেলা, বসকে বলে একটা সেটেলমেন্টে গেলেই ঝামেলা চুকে যায়। না! সারাদিন খাওয়া-দাওয়ার বালাই নেই, শুধু সাইট আর সিন্ডিকেট। সমরেশের আজ মেজাজ খারাপ হয়ে আছে। সাউদের ছোকড়া ছেলেটাকে ঝেড়েওচ্ছে আজ।

—কখনো লোকাল ছেলেদের সাথে ঝামেলায় যাবি না।

—তাই বলে ওরা বালির গাড়ি আটকে রাখবে!

—ওরা কি তোমার বাবার গাড়ি আটকেছিল? কোম্পানির গাড়ি, কোম্পানিকে খবর দেবে প্রথমে। নিজের যাওয়ার দরকার নেই। ওরা মেরে মাথা ফাটালে কোম্পানি শুধু হাসপাতালে ভর্তি বাদে আর কিছু করবে না, বুঝলে! নতুন তো, তাই ভালোর জন্য বলছি ভাই। তুই দেখে নে, কালকেই ওদের ঠান্ডা করে দেবে কোম্পানি। বালি না হোক, অন্য কিছুর অর্ডার দিয়ে দেবে। যাক না লাখ পাঁচেক, তাতে কী আসে যায়। পয়সা তো দেবে কাস্টোমার। কোম্পানির কী?

ছেলেটা চুপ করে শোনে কথাগুলো।

—আর শোন, আজ আর বেশি রাত পর্যন্ত থাকতে হবে না, চল। আমার সাথে বেরিয়ে পড়বি চল।

ছেলেটা বিনা বাক্য ব্যয়ে ওর কাপড়ের টিফিন ব্যাগটা তুলে নিয়ে সমরেশের পিছন পিছন হাঁটতে লাগল। আজ সমরেশ একটা তৃপ্তি অনুভব করল। এই ছেলেটা বোধহয় বেশ ভয় পেয়ে গেছে। না হলে এক-কথায় সমরেশের পিছু ধরার ছেলে নয়। মুখে মুখে হেবি তর্কো করে ছেলেটা। বিশেষ করে সমরেশকে পাত্তাই দেয় না। আজ বোধহয় সিন্ডিকেটের 'দাদা'-দের দেখে ভয় পেয়ে গেছে। কিন্তু এর আগেও তো ছেলেটা ওদের ফেস করেছে। জমিতে ভিত কাটার সময় ওদের কিছু লেবার ঢোকাবার জন্য প্রবল ঝামেলা করেছিল। তখন এই ছেলেটা সবে মাত্র জয়েন করেছে। থানা পুলিশ সবই ও একাই দৌড়েছে। তা হলে? হঠাৎ সমরেশের জুতোর দোকানের ছেলেটার কথাটা মনে পড়ে। 'আপনার পারসোনালিটি একদম পালটে যাবে'। তবে কি সত্যিই তাই হল! সমরেশ একটু কনশাস হয়। হ্যাঁ, একটু তফাত তো লাগছেই। আজ নিজেকে অন্যদিনের তুলনায় বেশ ঋজু মনে হচ্ছে। ইয়ং বয়সে হলিউডের অ্যাকশন ফিল্ম দেখে হল থেকে বেরিয়ে ঠিক এমনই একটা ফিল হত তার।

—রতনদা, নতুন জুতো কেমন হয়েছে দেখো।

অফিসে ঢুকে প্রথমেই রতনের টেবিলের সামনে জুতোটা খুলে রাখে সমরেশ। রতন চেয়ারটাকে একটু পিছনে টেনে নিয়ে চটিটা দেখে।

—বাহ্, বেশ হয়েছে তো।

এর বেশি উৎসাহ দেখায় না। চেয়ার টেনে নিয়ে আবার কাজে ফেরে।

—কী গো, কিছু হয়েছে অফিসে?

—না তেমন কিছু নয়।

—কী হয়েছে বলো না।

অফিসে ঢুকে অন্যদিকে চোখ যায়নি সমরেশের। এখন লক্ষ করে দেখল, কেমন যেন থমথমে ভাব। আবার কী হল রে বাবা!

—ছাড়ো তো যাও। সারাদিন ঘুরে এসেছ। একটু বিশ্রাম করে খেয়ে নাও।

—খেয়েছি একটু আগে। কিন্তু কী হয়েছে বলো না।

—সকালে বলেছিলে না বেশিদিন এখানে কাজ করা যাবে না। হয়তো আমাকে দিয়েই সেই তালিকা শুরু হবে।

রতনকে এমনভাবে কথা বলতে কখনও দেখিনি সমরেশ। নিশ্চয়ই বড়ো কিছু একটা ঘটেছে।

—কী হয়েছে বলো তো রতনদা?

—আরে গতমাসে এক গাড়ী স্টোনচিপের বিল পেমেন্ট হয়েছে বারুইপুরের প্রোজেক্ট-এ। আজ খবর পাওয়া গেছে, মালই পড়েনি।

—হ্যাঁ, তাতে তোমার কী হয়েছে?

—বস ডেকেছিল আমাকে আর বক্সিদাকে। বক্সিদা বলল যে আমি নাকি এনকোয়ারি না করেই পেমেন্ট করে দিয়েছি। কিন্তু তুমি তো জানো বক্সিদা সই করে দিলে তবেই আমি পেমেন্ট করি।

—তা বস এখন কী বলছে?

—কী আর বলবে! কালকের মধ্যে তার মাল চাই, না হলে...

—না হলে?

রতন কথাটার উত্তর দিতে পারে না। শুধু দীর্ঘশ্বাস পড়ে একটা।

—স্যর আসছি।

চৌধুরি সাহেবের ডাকের অপেক্ষা করে না সমরেশ।

—ও আপনি। শেষমেষ কী খবর হল কসবায়?

—আমি কথা বলেছি ওদের সাথে। ওরা কিছু একটা সাপ্লাই করতে চায়। আমি বলেছি ইট-বালি তো আর সম্ভব নয়। আমরা তার জন্য পেমেন্ট করে ফেলেছি। আগে বললে না হয়...

—কী বলল ওরা?

—ওদের থেকে একদিনের সময় চেয়ে নিয়ে বলেছি আপনি জানিয়ে দেবেন যা জানাবার।

—ওফ হো, আমি কেন? আপনিই তো হ্যান্ডেল করছিলেন।

—স্যর, আমি তো কোম্পানির মালিক নই যে কোনো সিদ্ধান্ত নিজেই নিয়ে নেব।

অদ্ভুত তো কী হল সমরেশের! কথাগুলো বলে নিজেই চমকে যায়। আর উলটোদিকে চৌধুরী সাহেবও খেয়ে যাচ্ছে কথাগুলো।

—না না, আমি সে কথা বলছি না। আপনি না হয় কিছু একটা বলে আসতেন। আচ্ছা আপনার কি মনে হয় ওদের কীসের আর্ডার দেওয়া যেতে পারে?

সমরেশের শরীর খারাপ লাগে। কী হচ্ছেটা কী! মাত্র ছ-সাত ঘণ্টায় এতটা পালটে গেল কীভাবে চৌধুরী সাহেব। নাকি ওনারই শরীর খারাপ? সমরেশের একবার মনে হয় জিজ্ঞাসা করি। পরক্ষণেই কানের কাছে কথাগুলো বাজতে থাকে, 'স্যর, আপনার পারসোনালিটি একদম পালটে যাবে। রাস্তাঘাটে, ট্রেন-বাসে, অফিসে কেউ আপনাকে কিছু বলবার আগে...'

—আমার মনে হয় এখনো তো স্যানেটারির কাজ হয়নি, ওদের কিছু ফ্ল্যাটের স্যানেটারির অর্ডার দিতে পারেন।

—ঠিক আছে, আপনি ওদের কাল একটা রিকিউজিশান স্লিপ ধরিয়ে দিন। আর হাজার দশেক টাকার একটা চেক দিয়ে দিন। আর মাল দেখে নিতে বলবেন।

—ওকে স্যর।

বেরোবার জন্য পিছনে ঘুরে আবার ফেরে সমরেশ।

—একটা কথা বলব স্যর?

—হ্যাঁ বলুন।

—রতনদা আর বক্সিদাকে আমি আপনার থেকে অনেক বেশি চিনি। আপনি কি কখনো ভেবে দেখেছেন দু'জনে প্রায় একই মাইনে পেলেও কীভাবে একটা লোক তার মেয়ের বিয়েতে চারশো লোক খাওয়ায়, মেয়ের সারা গা মুড়ে দেয় হলমার্কওয়ালা গয়নায়, আর অন্য লোকটা পয়সার অভাবে ছেলেকে ভালো স্কুলে অ্যাডমিশন করাতে পর্যন্ত পারে না? তারপরও আপনি বিশ্বাস করেন যে স্টোনচিপের বিলটা রতনদা ক্লিয়ার করে কমিশন খেয়েছে?

চৌধুরী সাহেব একটানা কথাগুলো শুনে মাথা নিচু করেন। হাত দিয়ে নিজের জল ভরা গ্লাসটা এগিয়ে দিয়ে বলেন—

—জল খান। আমি সব জানি। কাল বক্সিবাবুর এগেনস্টে যা ব্যবস্থা নেওয়ার নেব। আসলে উনি তো বাবার আমলের মানুষ, বাবার সাথে না কথা বলে আমি ওনাকে কিছু করতে পারব না। আপনি নিশ্চিন্ত থাকুন রতনের কিছু হবে না।

—আর একটা কথা, আপনি যে অর্ডার দিয়েছেন বাসের টিকিট দেখিয়ে

টি. এ. বিল নিতে হবে, যদি কোথাও অটোতে যেতে হয় সে ক্ষেত্রে কী দেখাব?

—তখন আপনি বিলটা আমার কাছে নিয়ে আসবেন। আমি সই করে দেবো।

দরজার বাইরে এসে একটা লম্বা শ্বাস নেয়। যেন একটা যুদ্ধ জয় করে ফেলেছে সমরেশ। তারপর নিজের চেয়ারে গিয়ে শরীরটাকে এলিয়ে বাঁ পায়ের উপর ডান পাকে তুলে নিয়ে নতুন জুতোটাকে দেখতে থাকে। সত্যি জুতোটার এলেম আছে। যা সে কোনোদিন স্বপ্নে ভাবেনি, এই জুতোটা তাই করে দেখালো। একটা ব্রাউন কালারের সাত নম্বরের জুতোর কী ঐশ্বরিক শক্তি! ব্যাগ থেকে রাইটিং প্যাডটা বের করে টি. এ. বিল তৈরি করতে শুরু করে সমরেশ। টিকিটগুলো স্টেপল করে, জমা দিয়ে রতনকে নিয়ে এক কাপ চা খেয়ে আসবে নিচ থেকে। কিন্তু টিকিট, বুক পকেট থেকে টিকিটটা গেল কোথায়?

—দাদা টিকিটটা করে নেবেন।

চোখটা লেগে এসেছিল সমরেশের। এক ঝটকায় সব চটকে যায়। সারাদিন বাইরে ঘুরে শরীর দারুণ ক্লান্ত।

—ধর্মতলা কত?

—কোথা থেকে দাদা?

—কসবা।

—আট টাকা।

—আর চাঁদনি?

—দশ।

—ধর্মতলা দাও।

কন্ডাটররকে একটা দশ টাকার নোট ধরিয়ে দেয় সমরেশ। ছেলেটা টিকিট আর দু'টাকার একটা কয়েন ফেরত দেয়।এতক্ষণ বাসটায় তেমন ভিড় ছিল না। রবীন্দ্রসদন থেকে ভিড়টা বাড়লো। শেয়ালদা ফেরার প্যাসেঞ্জার। বেশিরভাগই কুড়ির ছেলে-ছোকড়া। হয়তো সেলস-এ কাজ করে। সমরেশ ওদের পা লক্ষ করে। চকচক করেছে বুটগুলো। তার উপর ভারী রঙের ট্রাউজার আর হালকা কালারের শার্ট ছেলেগুলোর পুরো পারসোনালিটিই পালটে দিয়েছে। বাসের সামনের দিকে আরও একটা ছেলে দাঁড়িয়ে আছে। মুখের গঠন খারাপ না। সারা মুখ এক রাশ দাড়ি-গোঁফে ঢাকা, মাথায় অন্তত ছ'মাসের না-কাটা এলোমেলো চুল। পায়ে কম দামি কাদা মাখা প্লাস্টিকের চটি। কাঁধে ঝোলা ব্যাগ। কবি-টবি হবে হয়তো। ছেলেটা ওদের পাশে দাঁড়াতে কেমন যেন ইতস্তত করছে। অন্য কিছু নয়, বোধহয় ছেলেগুলোর ব্যক্তিত্বের কাছে কবিমার্কা ছোকড়াটার পারসোনালিটি ক্রাইসিস হচ্ছে। সমরেশ তৃপ্তি বোধ করে। 'জুতোটা কেনা

হয়তো ঠক হয়নি।'

—রতনদা, দেখো একবার।

ডান পাটাকে রতনের দিকে বাড়িয়ে দেয় সমরেশ।

রতন একবার দেখে।

—বাহ্, বেশ হয়েছে। আর এখানে বেশিক্ষণ দাঁড়িও না। চৌধুরী সাহেবের সাথে দেখা করে এসো, দু'বার তোমাকে খুঁজে গেছে। ফোন বন্ধ রেখেছো কেন? বেরিয়ে কথা হবে।

সমরেশ একবার অফিসের চারিদিকে দেখে নেয়।

—রতনদা, ওয়েদার এখনো গরম?

—হুম।

টেবিলে ব্যাগ নামিয়ে বোতল থেকে কয়েক ঢোক জল খায় সমরেশ। পাশের টেবিলে তাকাতেই অসীমদা কী একটা ইশারা করে। সমরেশ বুঝতে পারে না। 'কী?' অসীমদা মুখে আঙুল দিয়ে চুপ করতে বলে চৌধুরী সাহেবের ঘর দেখিয়ে দেয়। সমরেশ ওর দিকে এগোতেই বক্সি মাথা তুলে বলে—

—জল খাওয়া হলে সাহেবের ঘরে একবার যেও দয়া করে। আর মাসের শেষে আমাকে তোমার মাইনে থেকে কিছু করে দিও বুঝলে।

—কেন বক্সিদা, কী হয়েছে?

—কী হয়েছে সেটা ওই ঘরে গেলেই বুঝতে পারবে। যত-ঝামেলা। সারাদিন ঘাড়ের ব্যথায় মরছি, আর পাঁচ মিনিট অন্তর 'সমরেশ আসেনি'।

চৌধুরী সাহেব ফোনে কারোর সাথে কথা বলছিলেন। সমরেশকে দেখেই ফোনটা নামিয়ে রাখেন—

—একটু পরে ফোন করেছি। কখন এলেন?

—এই মাত্র স্যর।

—সাইটতো বন্ধ হয়ে গেছে চারটের সময়। এতক্ষণ কি সাউথ সিটিতে হাওয়া খাচ্ছিলেন? নাকি পুরোটাই হেঁটে মেরেছেন।

—না না, স্যর, আমিই বন্ধ করে ছেলেটাকে বাড়ি পাঠিয়ে তারপর ফিরলাম। রাস্তায় জ্যাম না হলে আরো...

—আপনার ফোনটা বন্ধ...

—হ্যাঁ, চার্জ শেষ হয়ে গেছে...

—আমি ছেলেটিকেই ফোন করেছিলাম, ও জানাল চারটের মধ্যে আজ বন্ধ করে দিয়ে ও চলে গেছে। আর আপনি নাকি সেই সময়...

—কী বলছেন স্যর, চারটের সময় তো আমি সিন্ডিকেট অফিসে?

—সমরেশবাবু, আমি জানতাম আমার বাবা এই অফিসে সমস্ত ভদ্রলোক রিক্রুট করে গেছেন, কিন্তু আপনার মতো একজন মিথ্যুককে যে বাবা পুষতেন তা আমি জানতাম না। শুনুন সিন্ডিকেট সেক্রেটারি আমাকে ফোন

করেছিলেন আধ ঘণ্টা আগে, আপনি নাকি বলেছিলেন ছটার মধ্যে ফোন করে জানাবেন...

ছেলেটা এমনভাবে কেস খাওয়াল! সমরেশের হাত-পা কাঁপছে। এটা ওর ছেলেবেলাকার সমস্যা। স্কুলে সামান্য ঝগড়া হলেও সারা শরীর থরথর করে কাঁপত। তাই কখনো ইস্টবেঙ্গল-মোহনবাগানের ম্যাচ, কি শেষ ওয়ার্ল্ড কাপ ক্রিকেট ফাইনালটা পর্যন্ত দেখা হয়নি তার।

— আর আপনাকে কে বলতে বলেছিল যে ওদের আমরা বালি পাথরের অর্ডার না দিয়ে স্যানেটারি মেটেরিয়ালের অর্ডার দেবো!

—না বললে ওরা কাজ শুরু করতে দিত না।

—সেটা আমি, কোম্পানি আর ওখানকার পুলিশ বুঝত। কোম্পানি কি আপনাকে সব ভালোমন্দ বুঝবার দায়িত্ব দিয়েছে? আপনাকে দিয়ে আমি কী করব বলতে পারেন? অফিসের কোনো কাজ আপনি পারবেন না, অফিসের বাইরেও আপনি সব জায়গায় গোলমাল বাঁধিয়ে আসেন। আপনাকে তো কোম্পানি প্রায় বসিয়ে মাইনে দেয়। এটা কিন্তু বেশিদিন চলতে পারে না।

এই এলাকার অফিস বাড়িগুলোকে ছাড়িয়ে যেটুকু আকাশ দেখা যাচ্ছে তার রং লাল। রাত আর একটু গড়ালে বৃষ্টি নামবে। অফিসের টেবিলগুলো আস্তে আস্তে ফাঁকা হতে শুরু করেছে। সমরেশ নিজের টেবিলে গিয়ে বসে। অসীমদা বেরোবার আগে পিঠের উপর একটা আলতো চাপ দিয়ে যায়। সমরেশ টেবিল থেকে মুখ তুলে তাকায়। আরো অনেকের সাথে অফিস ছেড়ে বেরোতে বেরোতে ওরা নিজেদের মধ্যে নিচু স্বরে কথা বলে, কেউ বা হাসে। রথতলার বিশু তামাশা করতে মুখ ফিরিয়ে চায় সমরেশের দিকে। এমন সময় আর উপরের দিকে তাকিয়ে থাকতে নেই। সমরেশ মুখ নামায়। মুখ আরো নামাতে চায়, টেবিল থেকে মেঝের দিকে। মেঝের উপর দু'জোড়া পা। পায়ের তলায় একটা সাত নম্বর ব্রাউন কালারের স্যান্ডাক। যার উপর এখনও লেখা আছে 'পরলেই রাজা'।

হন্তারক

এ অঞ্চলে আমি আগে কখনো আসিনি। আধো অন্ধকারের মধ্যেও বাড়িটার বাইরের আলোগুলো বেশ। কিন্তু ভেতরে ঢুকলে কেমন যেন বিদেশি রেস্তরাঁ মনে হয়, অফিস নয়। লম্বা মতন একটা হালকা স্পঞ্জ আঁটা বেঞ্চিতে আমরা কজন বসে আছি। এমন হালকা অন্ধকারে বসে থেকে থেকে চোখ সয়ে গেছে। তাই মুখগুলো বুঝতে পারছি। আমরা এমনভাবে আছি যেন সবাই বহুদিনের পরিচিত, কিন্তু কোনো আনন্দের মুহূর্ত নয় বলে পরস্পরে অচেনা হয়ে যাচ্ছি। শুধু মাত্র একজন বয়স্ক মানুষ তাঁর এসব ব্যাপারে হেলদোল নেই। তার চেয়ে তিনি হয়তো অন্য কোনো বিষয়ে বেশি বিব্রত মনে হচ্ছে। ভদ্রলোকটি কেবলই উশখুশ করছেন। স্থির হয়ে থাকাটাই যেন তাঁর কাছে দায়। যতটা সম্ভব আমার কাছ ঘেঁষে গলা নামিয়ে জিজ্ঞেস করলেন—

—কথাটা শুনেছেন, মশাই?

আমি একটু চোখ তুলে চাইলাম।

—এ অঞ্চলে একজন খুনি ঘুরে বেড়াচ্ছে। চেহারায় নাকি ভদ্র! কিন্তু খুন করে খুব খারাপ ভাবে। আমি তো মশাই ভয়েই মরি! কয়েকবার ভাবলামও আসব কিনা!

মানেটা বুঝতে পারলাম না, ভদ্রলোক ওসব লক্ষই করলেন না। টানা চালিয়ে গেলেন—

—সে ব্যাটা নাকি কাচের টুকরো দিয়ে শিরা কাটে! তাই দেখছেন না, সবাই কেমন ভয়ে থম মেরে আছে!

কয়েকবার চারিদিকে আরো ভালোভাবে চোখ বুলিয়ে নিলাম। চোখ-মুখগুলো ভালো করে বুঝতে পারছি না, যদি সত্যি এমন হয়! ভাবতেই তলপেটে কেমন একটা সিড়সিড় করে উঠল। একটু জিজ্ঞাসু হয়ে প্রশ্ন করলাম—

—এখনও পর্যন্ত কজন গেছে?

—বারো জন।

পাশে বসা ভদ্রমহিলাটি আলগোছে শব্দ দুটো ছুঁড়ে দিলেন।

—না না, অত নয়, ছ'জন গেছে। তার মধ্যে দু'জনকে নাকি এমনভাবে

মেরেছে, কেউ চিনতেই পারছে না।

ভদ্রলোক দায়িত্বশীল সংবাদ পরিবেশকের মতো তথ্যটা ঠিক করে দিলেন।

—আমি ভেতরে কজন গেছে তা বললাম।

মহিলা বেশ বিরক্ত হলেন মনে হল—

— ও তাই বলুন!

আমার খুব সিগারেট খেতে ইচ্ছে করছে। শুনেছি এসব বড়ো অফিসে ধূমপান নাকি বারণ কঠোরভাবে। কাঠের দরজা ভেতর থেকে বন্ধ। যাঁরা ঢুকছেন আর বের হচ্ছে না, বোধহয় ওঁদের বের করবার অন্য রাস্তা আছে ভেতরে। ফলে গোপন খবর কিছুই বাইরে আসছে না। এঁরা কি খুব চালাক! এই প্রথমবার ফাঁক হল দরজা। হাফ প্যান্ট পরা একটা ছেলে বেরিয়ে এল। কেমন দেখতে বলতে পারব না, মুখটা খুব আবছা। বেরিয়েই প্রশ্ন করে—

— বিপ্লব এসেছে? কেউ দেখেছেন?

আমার পাশের সেই ভদ্রলোকটি একটু আহাম্মকের মতো উত্তর করলেন,

— না! তেমন তো কিছু এখনও আসেনি! কেন আসবার কথা ছিল বুঝি?

ছেলেটি কথাটার উত্তর দেয় না, কেবল আমার দিকে আঙুল তুলে ইশারা করে ভেতরে ডেকে নিল।

ভেতরে একটা নীল আলো ঘরময় ছড়িয়ে আছে। বড়ো টেবিলটা উপচে আলোটা সারা ঘরময় ছোটো ছোটো ঢেউ-এ ছড়িয়ে পড়ছে। আমার ঠিক উলটোদিকে যিনি বসে আছেন তাঁর নাম আমি জানি না। জানতেও ইচ্ছে করল না। আলোতে মানুষকে অবয়ব মনে হয়, আমি দেখেছি। উনি কেবলই প্রশ্ন করে যাচ্ছেন। এমন ভাব যেন উত্তর শোনার কোনো বাসনাই ওনার নেই। কিন্তু প্রতিটি উত্তরই উনি মন দিয়ে শুনছেন। প্রশ্নগুলো সামান্য। জীবনপঞ্জির মতন। একটা উত্তর দেবার পর আগেরটা ভুলে যাচ্ছি পটাপট। এদিকে মনটা কেবলই জ্বালাতন করছে দুষ্টুমি করতে।

— আপনার প্রিয় কাজ?

— কবিতার লাইন পালটে ফেলা।

— যেমন?

— 'বৃষ্টি পড়ুক এখানে বারোমাস/ এখানেও মেঘ গাভির মতন চরুক…'

— আপনি খুব বিপজ্জনক লোক। আমার মনে হয় আপনার দ্বারা চাকরিটা হবে না!

— আমারও তাই মনে হয়! তবে চাকরিটা আমার দরকার।

— আমাদের চাকরির কিছু রুল্স, মানে কিছু শর্ত।

— কেমন?

— যেমন, এখানকার আইন আমরা তৈরি করব, আবার প্রয়োজনে আমারই ভাঙব। এ ব্যাপারে বাইরের কারোর হস্তক্ষেপ বা চেঁচামেচি বরদাস্ত করা হবে না।

—আমার হয়ে চেঁচামেচি করার মতো কেউ নেই, কারণ আমিও কারোর হয়ে করি না।

— নেক্সট রুল্, এখানে নো পলিটিক্স এবং ব্যক্তি জীবনের পলিটিক্সটাও আমরা নিয়ন্ত্রণ করব।

— এটা একটু চাপের। এতগুলো ওয়ার্কারের পেছনে আর একজন করে ওয়ার্কার, তার পিছনে... নাহ্, আমি আর ভাবতে পারছি না। আপনি বলুন।

—এত ভাববার কিছু নেই, ভাবনাটা আমাদের। রুল নাম্বার থ্রি, এখানে ঢুকবার পরীক্ষার মতন বেরোবারও পরীক্ষা দিতে হবে আপনাকে, যতক্ষণ না পর্যন্ত আমরা বুঝব আপনি আর আপনার মাথা দ্বারা নিয়ন্ত্রিত নন। আর যদি এই ক'টা নিয়ম ভাঙার চেষ্টা করেন, তার ব্যবস্থাটাও আমরা করব। এ ব্যাপারে আমি বিশেষ দায়িত্বপ্রাপ্ত—প্রশিক্ষণ প্রাপ্তও বলতে পারেন। আপনি কি শুনেছেন, আমাদের এ অঞ্চলে কয়েকদিন ধরে কিছু লোক নিখোঁজ হয়েছেন?

— হ্যাঁ, তবে শব্দটা 'নিখোঁজ' নয়, 'খুন' বোধহয়।

— না না, নিখোঁজ। মানুষের মৃত্যুর পরের ডেস্টিনেশন কি কেউ জানে?

—না।

—তাই এরপর সব নিখোঁজ। আর যারা নিখোঁজ হয়েছেন তারা আমাদেরই ওয়ার্কারস ছিলেন।

আমি চিৎকার করে উঠলাম আনন্দে। সেই সিরিয়াল কিলার আমার সামনে! আমি ইচ্ছে করলেই লোকটার অটোগ্রাফ নিতে পারি। আর বাইরে বসা বেশি-বকা লোকটাকে দেখিয়ে চমকে দিতে পারি। আনন্দে আমি চিৎকার করেই যাচ্ছি। না, এটা বোধহয় ঠিক হচ্ছে না! একটা অফিসে বসে তার রুল্স্ ভাঙা! এর শাস্তি হতে পারে। কী হতে পারে? আবার তলপেটটা সিড়সিড় করছে। সামনে বসা এ ব্যাপারে বিশেষ প্রশিক্ষণপ্রাপ্ত অফিসারটি পটাশ করে কাচের গ্লাসটা ভেঙে চুর চুর করে ফেলল। উদেশ্যটা ভালো নয়। অটোগ্রাফ পরে এসে নিয়ে যাব। এখানে খালি খালি বসে থাকাটা বোকামি। বাইরে আমার পাশে বসা ভদ্রমহিলাটিও বলল—পালাও! কিন্তু ঠিক কীরকম ভাবে পালালে এ দৃশ্যে মানায়, তা ঠিক বুঝতে পারছি না। একটা কি দারুণ জাদরেল ধরনের সংলাপ বলবো, যা শুনতে অনেকটা ধাঁধার মতন আবার কিছুটা জোক্স-এর মতো শোনাবে? নাকি লোকটাকে

বেকায়দায় ফেলবার জন্য একটা হামি খাব? যাইহোক, শেষ পর্যন্ত চেয়ারটায় ধাক্কা মেরে উঠে পড়লাম। এ দৃশ্যের জন্য এটাই বোধহয় ঠিক আছে। দরকার হলে পরে কোনো পরিচালকের থেকে জেনে নেবখন।

বাইরে বারান্দায় এসে কোনদিকে যাব ঠিক করতে পারলাম না। ইচ্ছে হল, টস্ করি। তারপর কী মনে হল, না থাক বাম দিকেই দৌড়াই। দৌড়ানো মানে আমার জোরে হাঁটা। এতেও হাঁফিয়ে পড়ি তাড়তাড়ি। সার সার দরজা-বন্ধ ঘর। নম্বরগুলো দেখবারও সময় নেই! নিরাপদ দূরত্বে এসে দরজা ঠেললেই হবে। এখন বুঝতে পারছি বেঁচে থাকাটা দরকার। এখনও কিছুই দেখা হয়নি জীবনে। অন্তত একবার এই ঘরগুলোকে দেখতে হবে।

ঘরগুলো বাইরের থেকে একটু বেশি অন্ধকার। নাকি না! পুরোটাই?

আসলে চোখ ধাঁধিয়ে গেছে। তাই অন্ধকার, না-অন্ধকারের পার্থক্য বুঝতে পারছি না। এই ঘরে কী কী আছে বুঝতে পারছি না। মনে হল পিঠের খুব কাছ দিয়ে কিছু সরে গেল। প্রাণীর মতো। যেন তার শরীরের শব্দ পেলাম! তবে কি সে আগের থেকেই এসে বসে আছে এখানে? সে এল কীভাবে এই ঘরটায়? প্রত্যেক ঘরের ভেতরেই কি দরজা আছে? না না, সে জানবে কেমনভাবে আমি এ ঘরেই ঢুকব! মন ক্রমশ শ্রান্ত হয়ে আসছে। তৃষ্ণা পায় সামান্য। শরীরের ভিতর আর এক শরীরের কম্পন অনুভব করি। যেমনটা মানুষ স্বপ্ন থেকে জাগবার আগে করে।

এখন অনেক রাত। তবুও ঘুম ভেঙে গেছে। অসময়ে আমাকে জাগতে দেখে, দরজা জানালাগুলো একটু সজাগ হয়। এক দৃষ্টে চেয়ে আছে। কিন্তু প্রশ্ন করতে সাহস পায় না। সকালে মায়ের কথায় রাগ করে একটার পাল্লা দিয়েছি ভেঙে। আরে সারাটা দিন কেবল চাকরি, চাকরি। যেন বেকারদের কোনো দামই নেই? 'কেন এতক্ষণ ঘুমোস?' আরে বাবা, কাজ নেই তো করব কী! বেকারদেরও তো সময় কাটাতে হবে! আমরা তো আর সিনেমা হলে যেতে পারব না। 'কাল রেশন তোলার শেষ দিন। টাকা নেই। এবার কার্ডটাই হয়তো ল্যাপস্ হবে!' হোক ল্যাপস্, তুলে নিয়ে যাক সব অনাগরীকদের। কতদিন আর তাড়া খেয়ে বাঁচা যায়!

বিছানা ছেড়ে পা রেখেছি মেঝেতে। মেঝেটা বরফের মতো ঠান্ডা।

— চাকরিটা হল?

কেউ একটা প্রশ্ন করে। বোধহয় দক্ষিণের জানালাটা।

— না।

— ওহ! বাবার কিস্তি ইনহেলার ফুরিয়ে গেছে। ওদিকে আবার সন্ধে থেকে শ্বাসকষ্টটাও বেড়েছে।

ঘরটার কোণার দিকে মা সব সময় একটা লাঠি রাখে বিড়াল তাড়াবার

জন্য। ওটাকে মাথার পাশে নিয়ে শোব আজ। ঘুমিয়ে পড়লে আবার যদি খুনি আসে, এবার ঠ্যাং ভেঙে দেবো।

www.ingramcontent.com/pod-product-compliance
Lightning Source LLC
LaVergne TN
LVHW091208180726
843490LV00007B/2646